ART DÉCO

WAHRSAGEKARTEN

Kartenlegen für Einsteiger
Basiswissen...

....für meine Lieben....

Abdruck der Bilder mit freundlicher
Genehmigung der Firma Ferd. Piatnik & Söhne

Haftungsausschluss
Die Angaben in diesem Buch ersetzten keinen Arzt oder Therapeuten, auch keinen Juristen. Die Angaben sind besten Wissens und Gewissens erstellt und ohne Gewähr, eine Haftung seitens des Autors und des Verlages für eventuelle Personen-, Sach-, Vermögensschäden ist ausgeschlossen

INHALT

Vorwort	7
... und über den Autor	8
Über die Art Deco Wahrsagekarten	9

Die 52 Karten

1. Alter Herr	13
2. Arzt	15
3. Beständigkeit	17
4. Besuch	19
5. Botschaft	21
6. Brief	23
7. Dieb	25
8. Dienerschaft	27
9. Eifersucht	29
10. Etwas Geld	31
11. Falschheit	33
12. Feind	35

13. Fremde Frau 37

14. Fröhlichkeit 39

15. Gedanke 41

16. Gefängnis 43

17. Geistlicher 45

18. Geld 47

19. Geliebte 49

20. Geliebter 51

21. Geschenk 53

22. Gesellschaft 55

23. Gewinn 57

24. Glück 59

25. Großer Herr 61

26. Gute Nachricht 63

27. Haus 65

28. Heirat 67

29. Hoffart 69

30. Hoffnung 71

31. Junger Herr 73

32. Jungfrau 75

33. Kind 77

34. Krankheit 79

35. Liebe 81

36. Missverständnis 83

37. Nebenbuhler 85

38. Offizier 87

39. Reise 89

40. Richter 91

41. Sehnsucht 93

42. Tod 95

43. Traurigkeit 97

44. Treue 99

45. Unbeständigkeit 101

46. Unglück 103

47. Unverhoffte Freude	105
48. Verdruss	107
49. Verlust	109
50. Verrat	111
51. Witwe	113
52. Witwer	115
Das Mischen und Auslegen	118/ 119
Legesysteme	119
Tageskarte	119
Vierer System	121
Erklärung zu den Kreuzen	124
Die Beziehungspyramide	125
Informationen zum Großen Blatt	128
Nachwort	135
Raum für eigene Notizen	136

VORWORT

Es ist wohl etwas Geheimnisvolles, etwas Mystisches, was den Menschen seit Jahrhunderten zu den Karten greifen lässt, um diese zu befragen. Zu befragen über uns, unsere Situation und eventuell sogar – oder sogar verstärkt – um mehr über unsere Zukunft durch die Orakelkarten zu erfahren. Es existieren viele unterschiedliche Kartendecks, die im Wandel der Zeit entstanden sind und sich weiterentwickelt haben. Ich möchte hier auch nicht viel Worte über die Herkunft und den Werdegang der Kartomantie erzählen. Ich möchte Sie an die Art Déco Wahrsagekarten heranführen, Ihnen beschreiben, welch Faszination diese auf mich ausüben und Ihnen ein wenig oder mehr davon abgeben. Ich möchte, dass Sie sich von dieser Anziehung der Orakelkarten leiten lassen und öffnen. Lassen Sie sich und Ihren Alltag von den Karten inspirieren. Betreten Sie mit diesem Buch Ebenen der Bedeutung eines Kartendecks, das schön, wunderbar und weniger kommerziell ist als andere. Freunden Sie sich mit den Art Déco Wahrsagekarten an und lernen Sie ihre Sprache sprechen. Sollten Sie noch nicht mit Wahrsagekarten gearbeitet haben, ermöglicht Ihnen dieses Buch einen Einstieg, mit dem Sie nach kurzer Zeit Deutungserfolge erzielen und sich ein Basiswissen angeeignet haben. Aber auch denjenigen unter Ihnen, die andere Karten kennen, bietet das Buch eine interessante Erweiterung zu Ihrem bisherigen Kartenwissen – Sie werden schnell Parallelen zu vielen anderen

Orakelkarten finden und merken, diese sind Ihnen gar nicht so fremd.

Ich wünsche Ihnen viel Freude an dem Buch und schöne Stunden mit dem Kartenlesen! Sie können viel über sich und andere erfahren...

Liebe Grüße, Andreas Dahm

Andreas Dahm, geb. 1977, begann in seiner Jugend die Tarot Karten zu legen. Freunde und Verwandte konsultierten ihn des Öfteren in unklaren Situationen. Das Kartenlesen begleitete ihn ständig in wichtigen Phasen des Heranwachsens. Nach dem Tod seiner Großmutter entschloss er sich dazu, der Spiritualität mehr Raum in seinem Leben zu geben. Die Karten halfen ihm durch diese schwere Zeit und ebneten ihm den weiteren neuen Weg. Als spiritueller Lebensberater arbeitet er nun, u. a. auch mit den Art Déco Wahrsagekarten. Weitere Informationen zu ihm und seiner Arbeit finden Sie unter
www.lecarte-kartenlegen.com

Die ART DÉCO WAHRSAGEKARTEN

Dieses Buch soll, wie bereits im vorangegangenen Vorwort erwähnt, Ihnen eine Hilfe sein, die Vokabeln und Sprache der Art Déco Wahrsagekarten zu lernen. Es soll Ihnen ermöglichen, für sich und andere einen Einblick in Ihr Unterbewusstes zu gewinnen. Es soll Ihnen die Kartomantie näher bringen. Sie meinen, Sie können die Karten nicht lesen?! Versuchen Sie es – wenn Sie Interesse dafür aufbringen, sich den Karten öffnen und viel mit den Karten arbeiten, auch wenn nur auf spielerische Weise, – dann sollte es Ihnen gelingen. Das Kartenorakel verschließt sich nur denen, die unentwegt ihren Verstand sprechen lassen. Haben Sie auch keine Angst vor den Ergebnissen! Es wird keine schlechten Ergebnisse geben. Sie haben Ihr Schicksal in der Hand – Karten zeigen Ihnen einen Weg – sollte dieser ungünstig sein, wählen Sie den anderen. Das Orakel hat Ihnen in diesem Moment gezeigt, dass Sie eine für Sie ungünstige Tendenz in ein besseres Licht rücken können. Nehmen Sie die Karten als Ratgeber – keiner ist so ehrlich und neutral....

Das Art Déco Wahrsageset besteht aus 52 Karten. Man könnte sich darüber streiten, jedoch bin ich der Meinung, dass es neben den anderen Aufschlagkarten sehr stark den Zigeunerwahrsagekarten ähnelt. Alle Motive der Zigeunerwahrsagekarten finden Sie in den Art Déco Karten wieder, nur in moderner Gestaltung. Erweitert ist dieses Deck durch die Bilder: *Alter*

Herr, Arzt, Dienerschaft, Fremde Frau, Gefängnis, Gesellschaft, Gewinn, Großer Herr, Gute Nachricht, Hoffart, Junger Herr, Jungfrau, Missverständnis, Nebenbuhler, Unbeständigkeit und *Verrat*. Rein theoretisch und auch praktisch könnten Sie die „neuen" Motive aus dem Deck herausnehmen und die ursprünglichen 36 Karten zur Deutung in herkömmlicher eventuell schon bekannter Form auslegen, falls Ihnen 52 Karten zuviel sind. Oder Sie lassen das Deck im Ganzen wirken. Diese Eindrücke mögen subjektiv sein aber vielleicht auch nicht ganz abwegig...

Die Karten fallen durch ihre individuellen sehr schön gezeichneten bunten Bilder in der Stilrichtung des Art Déco („arts décoratifs", 20er bis Ende 30er Jahre) auf, diese sind überwiegend den amerikanischen Alltag entnommen, wobei der Stil global vertreten und Europa natürlich nicht fremd war. Paris war nahezu das Zentrum des Art Déco, jedoch setzte der zweite Weltkrieg dem Stil in Europa schlagartig ein Ende, denn das Volk der Nachkriegszeit lies sich nicht vereinbaren mit einem Stil, der dermaßen an Luxus erinnert. In Amerika jedoch gelang es dieser Richtung noch ein wenig weiterzuleben. Die Bilder sind farbenfroh, durch teilweises Fehlen von Schattierungen und Natürlichkeit, wirken diese sehr plakativ, wie vieles im Art Déco, dennoch fehlt es ihnen weder an Stil noch an Sinnlichkeit. Im unteren Bereich der vielleicht derzeit modernsten Wahrsagekarte finden Sie in fünf Sprachen ein Schlagwort, dies gilt es, zur Deutung hinzuzufügen. Nicht nummeriert sind sie, deshalb ist die beste Möglichkeit alle in einer alphabetischen Reihenfolge aufzuführen. Das Lesen der Karten kann dann über verschiedene Ebenen gehen, denn diese können Personen, Themen, Ereignisse, Situationen darstellen.

Die wohl häufigsten Fragen an das Orakel beziehen sich auf den zwischenmenschlichen Bereich und die damit oftmals verbundene Liebe! So zeigt es uns auch das Art Déco Orakel. Wohl wie andere Orakel auch, verwendet von einer mittel bis höheren Gesellschaftsschicht. Karten, die Arbeit und den Besitz betreffend tauchen auch auf und man kann diesen Themenbereich auch hervorragend mit abdecken – ebenso das Finanzielle . Nehmen Sie Abstand von der Gesundheit – ich persönlich halte dies für nicht richtig, diesbezüglich die Karten zu konsultieren – ebenso die Rechtsprechung. Dafür gibt es andere..... Die Orakelkarten ersetzen keinen Arzt, Mediziner oder Juristen! Ebenso wenig haften die Karten für ein Verhalten und den Konsequenzen daraus. Auch sollten Sie sich nicht durch eine Karte „Tod" abschrecken und beängstigen lassen – der Tod lässt sich nicht in die Karten schauen. Dazu später aber mehr im Deutungsteil.

Das Orakel kann Ihnen auch Hinweise auf einen Zeitraum geben. Sie können durch einem Ereignis beiliegende Zeitkarten einen Zeitraum zu ordnen – aber Sie können auch gerne vor der Legung einen festen Deutungszeitrahmen festlegen. Zum Beispiel einen Monat. Somit zeigt Ihnen das Orakel die Tendenzen auf für den kommenden Monat. Einigen Karten ordne ich für Sie bestimmte Zeitqualitäten zu, sehe diese aber nicht als unbedingt notwendig an.

Aber Bedenken Sie, versuchen Sie , die Karten auch mal ohne ein Zeitfenster zu legen oder diese zu lesen, ohne auf die Zeit zu achten. Sie werden vielleicht sehen oder merken, dass Sie keine Zeitangabe benötigen, denn die Dinge werden für Sie kommen, wenn es der richtige Zeitpunkt für Sie ist. Sie wären immer vorbereitet.

Diese modernen Wahrsagekarten machen den Blick auf die eigene Situation zu einen Erlebnis besonderer Art. Diese Karten, ich finde sie einfach unheimlich schön....

Nun, im folgendem Abschnitt, möchte ich Ihnen diese vorstellen:

So lese ich die 52 ART DÉCO FORTUNE TELLING CARDS.....

1. ALTER HERR

vecchio — starac
öreg úr — Alter Herr — old man

Der alte Herr sitz auf einer Bank unter einem Baum in einer weiten ruhigen Landschaft. Er scheint Zeit zu haben, er scheint zufrieden zurückzublicken. Er scheint viel zu wissen. Er ist erfahren. Von ihm zu lernen ist von Vorteil.

Der alte Herr blickt auf ein erfülltes Leben zurück – er kann sich zurücklehnen. Die Karte weist darauf hin, dass Dinge, die durch sie gekennzeichnet werden, gut durchdacht und ausgereift sind. Diese können nun in die Tat umgesetzt werden. Nicht andauernd ausruhen – auch mal aktiv werden, denn man sollte sich nicht darin verlieren....
Und nicht zu sehr zurückziehen....

THEMA Reife, Erfahrung

In der **LIEBE** zeigt diese Karte eine reife, verantwortungsvolle Bindung oder das man selbst beziehungsweise sein Gegenüber die möglichen Voraussetzungen für eine lange dauerhafte Beziehung mitbringen.

Eine **ARBEIT** mit dieser Karte stellt hohe Ansprüche an einen und fordert Reife und Verantwortung, sie kann auch ein Hinweis auf die Rente sein oder dass man dauerhaft im Betrieb ist.

Eine durch diese Karte gekennzeichnete **PERSON** ist alt, erfahren oder im schlimmsten Fall zu einsam oder stur oder unflexibel.

ZEIT ist hier dauerhaft.

TAGESKARTE: Nehmen Sie sich eine Auszeit zwischendurch, um zur Ruhe zu kommen. Dann können Sie gerne wieder durchstarten!

2. ARZT

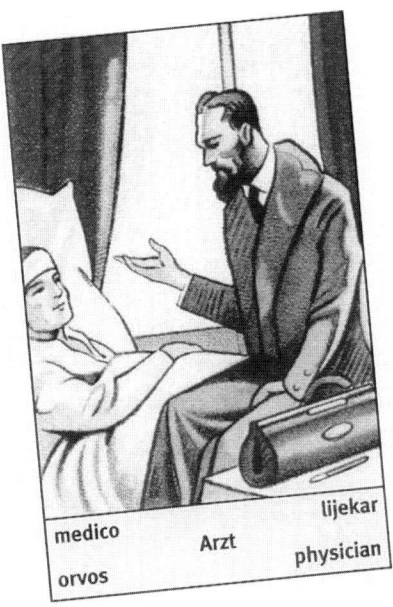

Eine unschöne Situation liegt hier zu Grunde. Ein Mann liegt krank im Bett. Jedoch scheint er zu genesen. Das ist das schöne an dieser Karte. Zudem ist dieser Mensch in Ärztlicher Behandlung.
Der Arzt wacht hier am Krankenbett und klärt den Patienten nach der Untersuchung auf. Mit seiner Hilfe wird die Genesung voran gehen.
Diese Karte zeigt uns, dass wir mit Unterstützung rechnen können und dass uns

jemand hilfreich zur Seite steht. Diese können wir auch annehmen. Dieser Hilfe und diesem Rat sollten wir uns nicht verschließen. Es kann uns nach vorne bringen. Es ist kein Zeichen der Schwäche, einmal eine Hand zu greifen...

THEMA Hilfe, Beistand

In der **LIEBE** treffen wir hier auf einen Partner, der uns hilft, dem wir vertrauen können, dessen Hand wir nehmen können. Unser Partner steht uns zur Seite. Singles sollten achten, jemand soziales zu finden. Es kommen bessere Zeiten.

Diese Karte deutet eine **ARBEIT** im sozialen Bereich an.

Eine **PERSON** gekennzeichnet von dieser Karte ist Sozial kompetent, sehr vertrauenswürdig und kann somit auch ein Geheimnis für sich behalten!

TAGESKARTE: Trauen Sie sich ruhig, jemanden den Sie kennen, um Rat und Hilfe zu bitten. Oder holen Sie sich eine zweite Meinung ein. Heute könnten Ihnen die Richtigen dafür über den Weg laufen...

3. BESTÄNDIGKEIT

Im unteren Bereich der Karte sehen wir ein Meer – nicht stürmisch aber auch nicht ganz ruhig. Das Meer ist weit, ohne Aussicht auf Land. Aber über dem Gewässer wacht in hoffnungsvollen Geld strahlend ein Auge. Auge Gottes?
Diese Bild zeigt uns, dass wir beschützt sind und dass alles in eine gute Richtung geht. Dies scheint langsam, aber wenn man die Fahrt auf

weiter See aushält, zahlt sich diese Beharrlichkeit letztendlich aus.
Dinge müssen sich entfalten, entwickeln. Von heute auf morgen sind Pläne nicht immer zu verwirklichen.... aber nach und nach.

THEMA Beruf, feste Arbeit

Eine **BEZIEHUNG**, die durch die Beständigkeit gekennzeichnet ist, stellt für uns eine dar, die verlässlich, solide und dauerhaft ist. **LIEBE** mag durchaus vorhanden sein, diese sollte stabil sein – jedoch kann sie auch den aufkommenden Alltag bedeuten. Für Alleinstehende gilt, noch etwas Geduld, bis der Partner kommt!

Im **BERUF** steht diese Karte für dauerhafte Arbeit, die Berufskarte schlechthin.

Eine **PERSON** dieser Art ist geduldig, hält gerne an Dingen fest – mag gut oder schlecht sein...

ZEITLICH muss hier noch ein Aufwand in Kauf genommen werden, schleppend.

Als **TAGESKARTE** wird uns gezeigt, dass der Beruf im Vordergrund steht und Sie wenig private Zeit haben oder prüfen Sie heute Ihre beruflichen Möglichkeiten.

4. BESUCH

visita — Besuch — posjet — visit — látogatás

Wir bekommen Besuch – so zeigt es zumindest unser nächstes Bild. Ein Mann begrüßt mit ordentlichem Handschlag sein Gegenüber. Dieser hat einen Koffer in der Hand, wird der Besuch länger bleiben? Möglich kann es sein, denn vielleicht möchten wir gerne in geselliger Zeit verweilen. Der Hund sieht dem Besuch fröhlich entgegen. Wir haben nichts zu befürchten. Das Tor steht weit und einladend offen. Richten Sie sich auf eine turbulente Zeit ein... es könnte ein reges Treiben herrschen, unruhige Zeiten – vielleicht nicht nur privaten Rahmens.

THEMA Treffen, Kontakte, Besuch

Im **BERUF** stehen Ihnen stressige Zeiten bevor, viele Termine, Unruhe, aber diese Zeiten werden vorüber gehen.

Ebenso bringt in der **LIEBE** der Besuch viele Möglichkeiten für Singles Kontakte zu knüpfen – raus und aktiv sein. In einer Partnerschaft, wäre es an der Zeit, einige gemeinsame Aktivitäten zu planen und umzusetzen.

Diese **PERSON** ist gesellig und kontaktfreudig.

.....innerhalb kurzer **ZEIT**

Die **TAGESKARTE** zeigt uns Stress und Unruhe – Ruhe bewahren. Halb so schlimm. Der Tag hat nur 24 Stunden.

5. BOTSCHAFT

messaggio — Botschaft — poruka — hir — message

Hier kommt Hermes der Götterbote eilends zu uns. In seiner Hand hält er einen versiegelten Brief, den es uns zu überbringen gilt. Das Siegel deutet darauf hin, dass die Botschaft für uns persönlich bestimmt ist. Wir können nicht erkennen, ob es sich um positive oder negative

Neuigkeiten handelt, so wiegt sich diese Karte in Neutralität...

Die Botschaft überbringt uns folglich Neuigkeiten, Nachrichten und ist eine Karte, die der Kommunikation dient. Sie zeigt Kontakte jeglicher Art an. Die Formen können von Telefon, Post, E-Mail, über SMS bis hin zu Dialogen bei einem Treffen reichen.

THEMA: Kommunikation, Neuigkeiten

Hier steht die **LIEBE** unter regen Austausch, viele Gespräche werden geführt – aber wie gesagt, alles im neutralen Rahmen. Wichtig ist hier zu wissen, dass die Kommunikation aufrecht gehalten und beibehalten wird.

Auch im **BERUF** müssen Sie Augen und Ohren offen halten, nicht dass wichtige Informationen untergehen...

Eine interessante **PERSON**, über die Sie mehr erfahren werden. Belesen, sprachgewandt.

ZEIT ist hier als schnell zu betrachten.

Am heutigem **TAG** sollten Sie wichtige Infos für sich zum Nutzen machen oder es kann sein, dass Sie heute für Sie wichtiges erfahren.... behalten Sie es vielleicht erst für sich.

6. BRIEF

Auch hier zeigt uns die Szene eine Überbringung einer Nachricht durch einen Mittelsmann. Hier der klassische Postbote. Er tritt an die Türe eines bürgerlichen Hauses, die nur ein Stück Einblick gewähren lässt. Das Dienstmädchen lässt zwar den Kontakt zu, um die Nachricht in Empfang zu nehmen, dennoch ist eine gewisse restliche Distanz zu sehen und zu spüren. Ist bei Hermes noch von einer Neutralität zu reden und den allgemeinen Formen der Kommunikation, können wir dies hier auf den tatsächlichen Schriftverkehr einschränken. Wie bei der Botschaft können hier umliegende Karten, etwas über die Qualität aussagen.

THEMA Schriftliche Nachrichten, Dokumente

Im **BERUF**sleben handelt es sich um Bewerbungen, Verträge oder andere wichtige Unterlagen.

In Verbindung mit der **LIEBE** steht der Brief auch für Kommunikation. Wäre es an der Zeit, Ihre Liebe mitzuteilen oder wendet sich jemand an Sie? In seltenen Fällen stellt diese Karte eine oberflächliche Form der Liebe dar.

Oberflächlich – So kann man diese **PERSON** beschreiben.

ZEIT ist hier kurzfristig.....

Als **TAGESKARTE** werden wir unter Umständen aufgefordert uns mal wieder zu melden... Sollten Sie heute Probleme haben, werden diese nicht von langer Dauer sein. Betrachten Sie diese als oberflächlich und lassen Sie nicht alles an Sie tief heran.

7. DIEB

Die Karte stellt eine nächtliche Szene dar. Im Schein des Mondes versucht sich jemand heimlich Zutritt in unser Heim zu verschaffen. Maskiert, dunkel gekleidet, nur die Augenbinde mit den Schlitzen geben die Sicht für den Dieb frei. Der Dieb möchte unerkannt bleiben. Doch Die Augen können uns sagen, ob wir diesen Menschen kennen. Diese Karte warnt uns! Sie mahnt zur Vorsicht! Noch bestehen keine

Verluste – aber diese können uns bevorstehen, jeglicher Art, denn der Dieb zeigt uns, dass Jemand bzw. etwas vorhanden und präsent ist, das uns bestehlen wird oder im Begriff ist uns zu bestehlen. Passen Sie auf, in Ihrem Umfeld befindet sich eine schlechte Person oder eine Sie beraubende Sache. Oder sind Sie selbst der Dieb, der sich bestiehlt?!

THEMA Diebstahl, Mangel

ARBEIT: Ihnen fehlt etwas, denn die Arbeit stiehlt Ihnen Zeit und Qualität.

LIEBE: Hier handelt es sich um eine unausgewogene Partnerschaft, ein Partner beraubt den anderen seiner persönlichen Freiheit. Singles vergeuden Ihre Zeit mit falschen Personen/ Prioritäten

Der Dieb zeigt eine eigensinnige vereinnahmende, nicht offen handelnde **PERSON**.

Als **ZEIT**lichen Hinweis erhalten wir von dieser Karte, dass wir Zeit verschwenden oder uns genommen wird.

Als **TAGESKARTE** sagt uns der Dieb, dass wir heute unsere Zeit nicht mit falschen Aktionen verschwenden sollen, denn heute kann es sein, dass wir davon nicht viel haben.

8. DIENERSCHAFT

Ein Dienstbote läuft zu später Stunde einen Flur entlang. Es scheint Nacht zu sein, denn er hält einen Leuchter in der Hand. Sein Herr scheint schon zu schlafen und er sieht nach dem Rechten. Weshalb? Hat er ein Geräusch in der nächtlichen Stille vernommen oder möchte er einfach nur nachsehen, ob etwas benötigt wird?

Ähnlich wie der Arzt ist diese Karte von Beistand und Unterstützung gezeichnet. Wobei der Arzt den öffentlichen Beistand darstellt, wird der Diener als persönlicher gesehen. Er kommt aus dem näheren Umfeld. Es kann sich um Freunde, gute Bekannte, eventuell auch um Familie handeln. Der Diener, er wird bezahlt, dies sollten Sie bedenken, wenn Sie diese Hilfe annehmen. Eine für Sie vielleicht selbstverständliche Hilfe kann hier schnell seinen Tribut fordern. Sie könnten etwas schuldig sein, und irgendwann dies vielleicht einlösen müssen...

THEMA Unterstützung, Hilfe, Geben und Nehmen

Im **BERUF** bekommen wir Hilfe zu gesichert! Sein Sie auch verfügbar! Vitamin B von Vorteil. Schauen Sie, dass Sie sich nicht ausnutzen lassen.

In der **LIEBE** ist es wichtig, dass gesunde Gleichgewicht aufrecht zu erhalten. Lassen Sie sich auch hier nicht ausnutzen und nutzen Sie nicht aus, Sie haben einen hilfreichen Partner.

Diese **PERSON** ist kooperativ oder sehr verfügbar....vielleicht zu sehr.

Denken Sie am heutigen **TAG** an die, die Ihnen bei Seite stehen und zeigen Sie dies.

9. EIFERSUCHT

Hinter einer Mauer, neben sich rankenden Pflanzen sitzt ein sich innig küssendes Paar. Sie scheinen verborgen. Sie fühlen sich unbeobachtet. Doch sie sind alles andere als das. Somit ist der stille Beobachter derjenige der ungesehen ist. Im missfällt diese Situation – das ist offensichtlich. Die Eifersucht ist klammert sich an diesen Menschen, wie die Kletterpflanze an die Mauer! Diese Karte ist nicht schön und teilt uns mit, unsere Gefühle zu hinterfragen und zu kontrollieren. Sie ist auch ein Hinweis, dass unser Gegenüber eifersüchtig sein kann, und nicht immer sind wir dafür verantwortlich. Oftmals liegt es sehr in der Natur des anderen Menschen, in dessen Persönlichkeit, und wir können dann nicht in der Lage sein, dieses Gefühl zu nehmen... dies gilt ebenso umgekehrt.

THEMA Eifersucht, Neid, Missgunst

Auf Neider und eifersüchtige Kollegen können wir hiermit im **BERUF** treffen.

Die **LIEBE** fehlt hier. Wer nicht eifersüchtig ist, liebt nicht. Was soll das heißen. Sobald die Eifersucht ein ungesundes Maß annimmt endet es in Disharmonie, Leid und destruktiven Handlungen. Vorsicht ist geboten!

Eine solche **PERSON** ist eifersüchtig, unzufrieden, mit sich selbst nicht im Reinen.

Eifersucht blockiert und bringt nicht weiter so ist hier **ZEIT**lich ein Blockade.

Ziehen Sie am heutigem **TAG** diese Karte – gedenken Sie all der Dinge, die Sie haben, es werden vielleicht mehr sein als Sie dachten und wohl auch einige, die wichtiger sind als die Dinge anderer...

10. ETWAS GELD

pochi soldi
malo novca
Etwas Geld
egy kevés pénz
some money

Auf einem Tisch liegt ein geöffnetes Portemonnaie. Der Besitzer hat hier wohl einen Kassensturz gemacht und die gesamte Ausbeute daneben ausgebreitet. Wie der Name der Karte schon sagt ist es allerdings nur etwas Geld, was vorhanden ist. Man könnte denken, es sei eine negative Karte – nein, ganz im Gegenteil, bedenken Sie, etwas ist mehr als gar nichts. Und etwas Geld aufzubringen für einen Kauf z. B.

steht dafür, dass die Sache günstig ist. Im Allgemeinen zeigt diese Karte an, dass ein Aufschwung auf uns zukommt, wenn auch nur langsam und in kleinen Schritten, aber er kommt... auch im finanziellen Bereich natürlich.

THEMA Zuwachs, zusätzliches Einkommen

Im **BERUF** zeigt uns etwas Geld eine Gehaltserhöhung an. Und dass die ersten Schritte zum Erfolg getan sind. Weitermachen! Auch ein Minijob ist möglich.

In der **LIEBE** erfahren wir Zuwendungen. Vielleicht werden wir materiell unterstützt. Jedenfalls werden wir einen Zuwachs an bestimmten Dingen erfahren – auch Gefühle können gemeint sein.

Solch eine **PERSON** ist sparsam, genügsam.

ZEIT peu à peu

Als **TAGESKARTE** bekommen wir gesagt, dass heute kein guter Tag für Shopping ist. Halten Sie lieber Ihr Geld etwas beisammen – Sparen kann von Vorteil sein, es können wieder andere Zeiten kommen.

11. FALSCHHEIT

Bei einem Baum in einer Waldlichtung, schöne Idylle, sitzt ein Fuchs. Doch das ruhige Bild der Natur trügt! Vor unserem Fuchs sitzt ein Vögelchen, das sich in Sicherheit wiegt. Der Fuchs ihm im Nacken, jederzeit bereit, seine Beute zu fangen. Der Vogel ist im regelrecht ausgeliefert. Ob der Vogel letztendlich ein Opfer sein wird, sagt uns die Karte nicht , aber offensichtlich wird uns die Gefahr gezeigt. Die

Sicherheit hier im Bild ist vorgetäuscht, ein Trugbild und vor eben solchen Situationen warnt uns diese Karte. Der Schein trügt und es gilt für uns die Gefahr zu erkennen und zu umgehen! Die Schläue des Fuchses wird hier selten positiv gesehen. Achten Sie auf Ihr Umfeld, denn hier scheint etwas nicht zu stimmen. Lassen Sie sich nicht von Schönheit, Euphorie blenden – halten Sie die Augen auf.

THEMA Lüge und Betrug

Im **BERUF** können wir gemobbt werden und sollten nicht allen vertrauen. Auch kann die Karte ein Hinweis sein, dass Sie die falsche Arbeit haben oder am Arbeitsplatz aufpassen sollten: Geschwätz!

Die **LIEBE** hier ist auf dünnen Eis oder falscher Basis! Lug oder Betrug. Vielleicht auch nur der falsche Partner für uns.

Eine **PERSON** dieser Art meiden: falsch, listig, unehrlich!

Für sämtliche Projekte scheint es nicht der richtige **ZEIT**punkt.

Als **TAGESKARTE** sagt die Falschheit, dass Sie heute besonders aufpassen müssen und die Augen offen halten sollten. Den Verstand verwenden und besser keine Dokumente und Verträge unterzeichnen.

12. FEIND

Die Karte lässt uns in eine nächtliche Szene eintauchen, in der dunkle Gestalten ihr Unwesen treiben. Der Schauplatz ist eine Gasse an deren Ecke der Feind lauert mit einer tödlichen Waffe in der Hand, die er bereit ist einzusetzen. Er hat etwas in der Hand oder etwas gegen uns in der Hand, womit er uns schaden kann. Der Mann, dem aufgelauert wird, ahnt wohl noch nichts von seinem möglichem Schicksal... Die Karte jedoch zeigt den Feind sichtbar. Er steht im Schein der Straßenlaterne, die an der Hauswand zu sehen ist. Wir können ihn erkennen, ihn ertappen und hoffen, dass wir nicht selbst unser Feind sind...

THEMA Vorsicht, Gefahr!!!

Im **BERUF** gilt Vorsicht für feindlichen Kollegen, machen Sie sich durch Ihr Handeln keine Feinde, lassen Sie die Arbeit nicht zu Ihrem Feind werden, Sie haben auch ein Privatleben!

Diese **LIEBE** ist zum Einen schlecht für Sie oder Ihr Partner mag dies sein. Es ist auch möglich, dass eine dritte Person den Frieden stört.

Mit Vorsicht ist der Feind als **PERSON** zu genießen, wenn nicht sogar ganz zu meiden, denn er ist hinter seiner Fassade hinterlistig.

Am heutigen **TAG** achten Sie darauf, dass Sie sich nicht selbst im Weg stehen, auch nicht in Zukunft. Manchmal ist es weiser, auf unsere Feinde zuzugehen...

13. FREMDE FRAU

donna straniera
tudja žena
Fremde Frau
idegen asszony
foreign woman

Die Fremde Frau zeigt uns eine tanzende Dame in einer für die Frauen der 20er Jahre ungewöhnlichen Garderobe. Die Kleidung scheint fremd und extravagant. Diese Frau reizt und weckt gewisse Neugier in uns, mehr zu erfahren. Etwas für uns nicht Einzuordnendes, etwas Neues, Fremdes kommt auf uns zu. Wir werden mit Dingen oder Personen konfrontiert, die wir nicht kennen oder exakt lesen können.

Dennoch können wir dem Unbekanntem ruhig begegnen. Nicht alles Neue ist schlecht, und nicht immer sind die Dinge wie sie uns erscheinen.

THEMA Neues, Unbekanntes

Im **BERUF**alltag treffen wir auf neue Aufgaben, fremde Situationen oder kommen mit neuen Menschen in Kontakt. Ohne Arbeit sollten wir uns auch gerne einmal mit fremden Themen befassen.

Wollen wir uns auf ein Date mit jemand einlassen, den wir nicht oder noch nicht ganz kennen, oder gibt es Momente, in denen uns unser Partner fremd vorkommt.... – soviel zu der **LIEBE.**

Eine **PERSON** geheimnisvoll, fremdartig, anderer Kultur oder ein/e Bekannte/r, jemand, den man nicht sehr gut kennt.

Die fremde Frau als **TAGESKARTE** möchte uns sagen, dass heute einige ungewöhnliche Zufälle auf uns zukommen könnten oder wir manchmal unsere – wenn vorhanden – Vorbehalte zurückstellen sollten. Nicht alles mag sein, wie es scheint...

14. FRÖHLICHKEIT

allegrezza veselje Fröhlichkeit merriment vígság

Ein lustiger Mann sitzt hier ausgelassen im Baum und musiziert. Er wirkt Landstreicher ähnlich – zumindest sehr wurzellos und gesellig. Er lebt im Moment und kostet diesen vollends aus! Zu recht. Man soll die Feste feiern wie sie fallen. Carpe diem... Diese Karte steckt nur so voller Freude, schöne Zeiten, Unterhaltung und dem rundum Wohlfühlen. Man muss hier nicht viel erklären, diese Zeichnung spricht für sich.

THEMA Freude, Feier, Erfolg

Wir haben Freude im **BERUF** und sind erfolgreich, das strahlen wir auch aus und haben somit die Basis für ein tolles Arbeitsklima und eine schöne Zeit.

Auch in der Partnerschaft und der **LIEBE** haben Sie tolle Zeiten vor sich! Genießen Sie diese. Gemeinsam verbringen Sie und Ihr Gegenüber tolle fröhliche Momente. Singles können in Gesellschaft mit so einer super Ausstrahlung gesellige Kontakte knüpfen.

Eine **PERSON** wird hier als gesellig, extravertiert, positiv charakterisiert. Ein richtiger Entertainer...

Es ist die richtige **ZEIT**.

Wie oben schon erwähnt sagt uns jene Karte gezogen als **TAGESKARTE** carpe diem.... Sie können dem Leben nicht mehr Tage geben, aber dem Tag mehr Leben.

15. GEDANKE

Auf dieser Karte stützt sich ein Mann ähnlich der Denkerpose mit dem Kopf auf seiner Hand. Vor ihm ausgebreitet ein Buch mit damaligen auch noch üblichen Schreibmaterial für ausgewählte Texte. Er denkt nach, darüber, wie er eventuell die folgenden Zeilen verfassen könnte. Wie es weitergehen soll, fragt er sich. Mit ihm, seiner Situation. Die Karte erinnert uns daran, Vorhaben und Pläne genau zu prüfen oder auch daran, dass wir uns auch mal selbst Gedanken über uns machen sollen. Wir sollten alles überprüfen und nicht überstürzt handeln...

THEMA Gedanken

Im **BERUF**lichen Sinn kann diese Karte für alles stehen, was mit Fort- und Weiterbildung zu tun hat. Bei jüngeren Personen kann eine Ausbildung oder ein Studium gemeint sein. Auch wird diese Karte oft als Hinweis gesehen, sich über sein Berufsleben Gedanken zu machen.

In Sachen **LIEBE** machen Sie sich vielleicht zu viele Gedanken und blockieren bzw. verschließen sich auch damit. Müssen Sie sich selbst neu finden? Überprüfen Sie Ihre Bindungen.

Nachdenklich, manchmal vielleicht unzugänglich ist diese **PERSON**. Intelligent und gebildet nicht zu vergessen!

Für Vorhaben ist es noch zu früh an der **ZEIT**.

Die **TAGESKARTE** rät uns zu gründlichen Nachdenken. Auch um mal eine Reise zu machen in unser Ich. Was sind meine Bedürfnisse?

16. GEFÄNGNIS

Hier sitzt ein Mann in einer spartanisch eingerichteten Zelle auf seinem derzeitigen Nachtlager. Er sitz und leidet in seiner Situation, isoliert zu sein. Der Mond scheint direkt in das „Gefängnis" – Sehnsucht nach draußen. Die Karte spiegelt Momente wider, in denen wir allein sind und uns verlassen und gefangen fühlen. In der Regel ist eine Haft nicht für immer. Prüfen Sie, wer bzw. was Sie einsperrt und gefangen hält oder von wem bzw. von was Sie sich gefangen nehmen lassen. Einer unerträglichen Situation sollten Sie ein Ende bereiten und regelrecht ausbrechen! Es gibt Fluchtwege! Nichts ist schlimmer als persönliche Bedürfnisse zu unterdrücken und sich gefangen zu nehmen oder von anderen lähmen zu lassen. Verschließen Sie sich auch nicht...

THEMA Rückzug

Unser **BERUF** nimmt uns die Möglichkeit, uns frei zu entfalten. Wir können nicht handeln – durch die Arbeit werden wir von sozialen Kontakten ferngehalten. Wir sind zu eingespannt, zu isoliert.

Auch in unserer **LIEBE** fühlen wir uns gefangen. Vielleicht gleicht unsere Partnerschaft einem goldenen Käfig oder wirklich einem Gefängnis. Singles sollten sich nie verschließen oder eine Mauer aufbauen. So isoliert man sich selbst und hält sich gefangen.

Eine **PERSON** dieser Karte ist verschlossen, introvertiert, unnahbar und oftmals unzugänglich – ein Einzelgänger.

Zur **ZEIT** ist nichts möglich.

Am heutigen **TAG** sollten wir uns lieber zurückziehen und für uns sein.

17. GEISTLICHER

Ein Priester steht auf dem Bild in seiner Kanzel und hält seine Predigt. Dies tätigt er voller Überzeugung. Es ist sicher, dass ihm sehr viele Menschen zuhören, seinen Worten schließlich Glauben schenken und diesen auch folgen. Dieser Mann hat Einfluss. Diese Karte zeigt eine geistliche Seite in uns. Sie zeigt unsere spirituelle

Seite in uns, der wir durchaus mehr Raum in unserem Alltag geben sollen oder können. Diese Karte schützt uns, und stellt unsere vorhaben unter einen guten Stern.

THEMA Spiritualität

Versuchen Sie Ihre geistliche und spirituelle Ader in den **BERUF** mit einfließen zu lassen. Es dürfte Ihnen viel Freude und Ausgeglichenheit bringen.

In der **LIEBE** stoßen Sie auf tiefe Gefühle, Verbundenheit und eine Art Seelenverwandtschaft. In anderen sozialen Bindungen treffen Sie hier einen Seelenfreund oder Freundin.

Eine **PERSON** ist einfühlsam, spirituell, religiös

Die **ZEIT** wird hier auf jeden Fall für Sie richtig sein, genaues ist unvorhersehbar. Es passiert dann, wenn Sie bereit sind.

Der heutige **TAG** eignet sich hervorragend um z.B. die Karten zu legen.

18. GELD

Die Figur hebt die Arme nach oben, um aufzufangen, was es vom Himmel regnet. Geldmünzen und Geldscheine in Hülle und Fülle. Die Karte zeigt mit den goldgelb gehaltenen Farben und dem vielen Geld in der Tat einen derartigen Überfluss des Reichtums,

dass es demjenigen nur gut gehen muss – aber auch dies ist nicht alles....
Diese Karte zeigt Ihnen Zeiten voller Erfolg, Wohlstand und Gelingen. Sie können sich in Sicherheit wiegen. Sie sind versorgt und werden dies sein.

THEMA Finanzen

Erfolg, ein gutes Gehalt oder eine gute Position sehen wir hier im **BERUF**, es kann Ihnen auch ein lukratives Arbeitsangebot bevorstehen.

Die **LIEBE** ist Reich an Gefühlen, eine wertvolle Partnerschaft, kann auch auf einen wohlhabenden Partner hinweisen, aber Achtung, nicht dass diese Bindung aufgrund finanzieller Hintergründe existiert.

Eine Eigenschaft dieser **PERSON** mag erfolgreich sein, aber charakterisiert eher jemand, der sehr materialistisch ist.

Projekte, die heute gestartet werden, können erfolgreich werden. Es ist auch ein **TAG**, an dem Sie auf Ihre Finanzen achten sollten. Nicht zu viel ausgeben.

19. GELIEBTE

amante
kedves
Geliebte
ljubovnica
sweetheart

Diese Karte steht für die Fragestellerin. Sie kann auch für die feste Partnerin des Fragestellers oder auch nur für seine Herzensdame stehen. In einer gleichgeschlechtlichen Beziehung gilt vorab zu klären, welche Position die/ der Fragesteller/in beziehen möchte.

Am heutigen **TAG** kümmern Sie sich als Fragestellerin bitte um sich selbst! Als Fragesteller um Ihre Partnerin. Da ist keine? Vielleicht treffen Sie heute eine zukünftige Kandidatin......

20. GELIEBTER

amante Geliebter ljubovnik
szeretö lover

Diese Karte steht für den Fragesteller. Sie kann auch für den festen Partner der Fragestellerin oder auch nur für ihren Herzensmann stehen. In einer gleichgeschlechtlichen Beziehung gilt vorab zu klären, welche Position die/ der Fragesteller/in beziehen möchte.

Am heutigen **TAG** kümmern Sie sich als Fragesteller bitte um sich selbst! Als Fragestellerin um Ihren Partner. Da ist keiner? Vielleicht treffen Sie heute einen zukünftigen Kandidaten......

21. GESCHENK

dono
ajándék
Geschenk
dar
gift

Ist es nicht schön, einmal wieder etwas geschenkt zu bekommen? Wie hier auf dieser Karte. Eine traditioneller Bote, überbringt einer Dame ein in einer für damals typischen Verpackung ein Geschenk. Dieses Geschenk ist eine wirkliche Überraschung, die auf kurze oder lange Sicht positiv ist. Das Präsent, das wir bekommen, wird uns überbracht ohne das wir etwas dafür tun mussten, auch wird vom Schenker keine Gegenleistung erwartet! Allerdings werden wir dies annehmen – egal was es ist, es gibt für uns kein „Entrinnen". Vielleicht werden wir uns wundern, wenn uns im Zusammenhang mit dieser Karte im ersten Moment etwas in unseren Augen weniger Gutes widerfährt. Auch dieses kann ein Geschenk sein. Manchmal sehen wir erst im Nachhinein, welch Geschenk uns eigentlich vermacht wurde...

THEMA Geschenk, Bereicherung

Der **BERUF** ist derzeit für Sie erfüllend, bereichernd und alles geht Ihnen leicht von der Hand. Genießen Sie Ihre Phase. Halten Sie die Augen auf, wenn Sie eine Stelle suchen: es kann unbewusst um Sie herum sein.

Die Partnerschaft und die **LIEBE** erleben Sie wie ein Geschenk. Verleihen Sie Ihrer Freude Ausdruck, teilen Sie sich mit und machen doch auch einmal Freunden ein Geschenk.

Eigenschaft einer **PERSON** ist hier einfach großzügig und auch etwas selbstlos. Nicht ausnutzen lassen.

Der heutige **TAG** ist wie gemacht für kleine Aufmerksamkeiten oder um diese jemanden zu machen. Ach ja, es ist aber auch schön, sich einmal wieder selbst zu verwöhnen! Also tun Sie sich ruhig etwas Gutes.

22. GESELLSCHAFT

Eine abendliche Gesellschaft sitzt hier in gemütlicher Runde zusammen und führt in der Tat angenehme und unterhaltsame Gespräche. Es ist eine gute Besetzung, um einen erfolgreichen Abend zu verbringen. Alle Vorraussetzungen sind gegeben. Diese Karte ist immer ein Hinweis auf ein Treffen, eine Verabredung oder eine

Zusammenkunft. Das kann geschäftlich, familiär oder rein freundschaftlich sein. Sie können in der Regel wählen, ob Sie daran teilnehmen werden oder nicht. Doch meistens sind diese Treffen eines positiven Verlaufes.

THEMA Treffen, Verabredung

Im **BERUF** zeigt es hier oft, dass man viel mit Menschen, bzw. im Kundenkontakt arbeitet. Beruflich kann man hier in der Öffentlichkeit stehen, oder es werden Treffen und Gespräche beruflicher Natur folgen.

Nehmen Sie mit Ihrem Partner viele Aktivitäten war und Einladungen an, Sie werden schöne Zeit verbringen. In der **LIEBE** winkt Ihnen als Single unter Umständen eine Verabredung. Wenn nicht, dann raus und in die Menge stürzen!

Diese **PERSON** ist offen und gesellig und findet gerne Anschluss, mag sein, dass diese auch gerne im Mittelpunkt steht oder auch etwas „geschwätzig" ist.

Verbringen Sie den heutigen **TAG** nicht im stillen Kämmerlein. Gehen Sie unter Menschen und lenken sich gegebenenfalls etwas ab.

23. GEWINN

guadagno		dobitak
	Gewinn	
nyereség		profit

Eine der neuen Karten, die ich sehr umstritten sehe. Die Darstellung zeigt einen Mann, der wohl auf einer Pferderennbahn seinen Tipp beim Buchmacher einlösen möchte, denn er hat einen Gewinn erzielt. So wie die Karte heißt, solch eine Bedeutung hat diese auch – jedoch möchte ich eine Einschränkung machen: Wenn Sie in meiner diese Karte ziehen, werden Sie keinen Gewinn in einer Legung Lotterie oder einem anderen Glücksspiel erzielen. Das gibt es nicht in meiner Deutung. Geld vermehren Sie in meinen Legungen generell durch Arbeit. Ich sehe keinen Sinn darin, einen Menschen auf Grund der Karte Gewinn zum Glücksspiel zu führen, denn dies bedeutet diese Karte nicht im Geringsten. Es wird von einem Gewinn gesprochen, in dem Sinn, dass eine Sache gewinnbringend ist oder dass etwas Früchte trägt. Oder eine Sache steht in einem günstigen Licht.

THEMA Gewinn, die Ernte einholen.

Im **BERUF** werden wir für das belohnt, was wir eingesetzt haben. Für Selbstständige kann ein Auftrag gewinnbringend sein.

Diese **LIEBE**, dieser Kontakt ist eine Bereicherung für Sie und Ihr Leben.

Diese **PERSON** ist ein guter Begleiter, ein bereichernder Umgang. Auch jemand, der beruflich erfolgreich ist oder etwas riskiert kann gemeint sein.

Jetzt ist der richtige **ZEIT**punkt!

Am heutigen **TAG** dürfen Sie auch mal etwas riskieren! Dinge, die Sie heute starten, stehen unter einem guten Stern!

24. GLÜCK

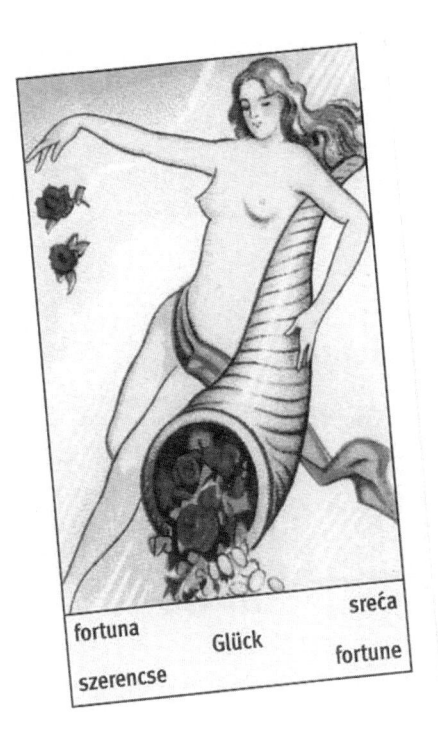

fortuna sreća Glück fortune szerencse

Das Glück! Die eigentlich beste Karte im Deck – nein, ich finde es ist die beste Karte im Deck. Es gibt nebenbei noch sehr hohe Glückskarten, aber dem Glück ordne ich die höchste Position zu. Auf dieser Karte sehen wir Fortuna, mit ihrem prall gefülltem Füllhorn, das nur so überquillt und sie ist im Inbegriff es vollends über uns auszuschütten und lässt für uns im wahrsten Sinne rote Rosen regnen! Aber bitte nicht zu lange auf unserem Glück ausruhen...

THEMA Glück, Erfolg

Der **BERUF**, den wir ausüben, gleicht unserem Traumberuf, wir sind im Begriff, Karriere zu machen, die Türen sollten uns offen stehen. Unser Fleiß trägt goldene Früchte. Auf der Suche nach einer Stelle könnten Sie Glück haben.

Diese **LIEBE** ist gerade auf einer Hochphase! Genießen in vollen Zügen ist angesagt! Ihre Freunde sind toll und ein Glücksgriff.

Eine solche **PERSON** strahlt nur positives aus! Ein Sonnenschein, ohne Sorgen.

Der heutige **TAG** mag vielversprechend sein. Das Glück ist auf Ihrer Seite. Freuen Sie sich! Gehen Sie Ihren Weg weiter oder starten Sie ihn, es könnten die Stufen des Erfolges sein, die Sie gerade erklimmen.

25. GROSSER HERR

gran signore
Großer Herr gazda
nagy úr
lord

Das Bild des großen Herrn zeigt uns zwei Männer. Einer verneigt sich respektvoll vor dem anderen. Der Monokel, der Frack und die Haltung stellen hier den gesellschaftlichen Unterschied oder generell auch die Rangordnung zwischen beiden dar. Der große Herr ist dem anderen deutlich überlegen. Er scheint mächtiger, einflussreicher und respekteinflößend und eventuell sogar etwas dominant. Die Szene erinnert an ein dienstlichen Umgang zwischen Vorgesetzten und Untergebenen.

THEMA Chef, Vorgesetzter

Der Vorgesetzte spielt hier im **BERUF** eine wichtige Rolle. Setzen Sie sich mit ihm auseinander (nicht in Richtung Streit), er kann Sie auch fördern.

In der **LIEBE** und in Umgang mit anderen mag diese Karte vielleicht daran erinnern, sich nicht von Überlegenen abhängig zu machen. Diese Abhängigkeit kann auch finanziellen Hintergrund haben.

Die **PERSON** ist hier der Chef, der unvoreingenommen ist, und vielleicht, je nach Leistung einen auch fördert.

Die **TAGESKARTE** erinnert daran, anderen mit Respekt gegenüberzutreten.

26. GUTE NACHRICHT

Die gute Nachricht zeigt ein Pärchen, das wohl ganz überraschenderweise einen Brief erhalten hat. Beide freuen sich wirklich sehr über diese Nachricht, die ihnen übermittelt wurde. Unterstrichen wird dies durch die schönen Farben und die fröhliche Stimmung, die durch die Zeichnung dargestellt wird. Diese Karte ist eine weitere Karte der Kommunikation. Ähnlich dem Brief oder der Botschaft. Doch einer Sache kann man sich hier wirklich sicher sein! Diese Nachricht ist durch und durch positiv.

THEMA persönliche Nachricht, eventuell Einladung

Positive Nachrichten den **BERUF** betreffend flattern ins Haus. Ein Arbeitsvertrag, eine Antwort auf eine Bewerbung – eine Absage? Dann ist dies auch gut, denn diese Arbeit wäre für Sie schlecht gewesen.

Auch in der **LIEBE** weht ein neuer frischer Wind. Ein Liebesbrief, eine Einladung zu einem Date oder einer Party.

Eine **PERSON**, die immer ein nettes Wort für einen hat. Ein angenehmer Kontakt. Aber auch im oberflächlichen Bereich. Nicht so stark wie beim Brief, aber dennoch möglich.

Schreiben Sie auch am heutigen **TAG** mal wieder ein Kärtchen oder eine Mail, etc.. Vielleicht meldet sich auch heute mal wieder jemand bei Ihnen...

27. HAUS

Am See gelegen sehen wir ein Anwesen, dass nicht gerade klein wirkt. Ein stattliches Anwesen, das sich durchaus sehen lässt. Ein großer Besitz, der sich nicht nur auf das Haus zu beschränken scheint und den wir in der Kartenlegung ruhig als unser Eigen nennen können. Das Haus stellt zum Einen den Besitz oder auch wirklich ein Haus dar und zum Anderen kann es auch gut für Familie oder auch unser Inneres, unsere Seele stehen. Auf der Karte führen zwei Wege zum Haus über Wasser und über Land. Es ist zugänglich, einladend, man muss nur dahin finden, die Straße gehen oder das Wasser überqueren.

THEMA Haus, Heim, Familie, Verantwortung

Hier wird die Arbeit von zu Hause aus dargestellt oder ein **BERUF**, der sicher ist. Es ist ein harmonisches Arbeitsklima, nahezu familiär.

Die **LIEBE** ist stabil, harmonisch. Es kann an der Zeit sein, Familie zu gründen oder Verantwortung zu übernehmen. Es kann ernst sein. Vielleicht ist es das, wonach Sie sich sehnen.

Eine sehr harmoniebedürftige, häusliche **PERSON** haben Sie vor sich. Auch verantwortungsvoll.

Wenn Sie können, versuchen Sie am **TAG** mit dieser Karte daheim zu bleiben, oder wenn möglich diesen im familiären Rahmen zu verbringen. Das geht nicht? Versuchen Sie dennoch Momente der Ruhe zu finden.

28. HEIRAT

Ein frisch getrautes Paar hat soeben die Kirche verlassen und ist nun bereit, den gemeinsamen Weg auf Dauer zu beschreiten. Diese Karte steht für Verbundenheit und setzt nun mal die für eine vertrauensvolle Verbindung wichtigen Bedingungen voraus. Somit sollten also

Vertrauen und Gefühle vorhanden sein. In der Regel sind diese Bindungen positiver Natur. Bei dieser Karte liegt aber das Hauptaugenmerk immer auf der Verbindung. Grundlegend können hier Verbindungen jeglicher Art gemeint sein.

THEMA Partnerschaft, Verträge, Ehe

Im **BERUF** ist hier gerne der Arbeitsvertrag gesehen, eine Firmenfusion bzw. eine Kooperation. Als Team zum Erfolg.

In der **LIEBE** scheint es an der Zeit, eine feste Verbindung einzugehen. Verspielen Sie nicht ihre Chance, seien Sie bedacht und prüfen Sie aber auch sehr, bevor Sie unüberlegt etwas eingehen, das Sie bereuen könnten. Geben Sie sich nicht auf.

Diese **PERSON** mag geregelte Verhältnisse, fühlt sich gebunden oder ist es.

Pflegen Sie am heutigen **TAG** Ihre Bindungen und Kontakte.

29. HOFFART

alterigia		ponos
kevélység	Hoffart	
		pride

....die schönste Karte in diesem Deck, finde ich – zumindest das Motiv betreffend, die Bedeutung eher nicht... Eine schöne Frau betrachtet sich posierend vor einem Spiegel. Sie gefällt sich und sie weiß, dass sie hübsch ist und begehrenswert auf manche wirkt. Dies weiß sie zu nutzen. Sie weiß sich zu verkaufen. Sie weiß zu werben und Ihren Charme einzusetzen, um zu erreichen, was und wen sie möchte. Doch diese Person ist allein auf dieser Karte... Zuviel dieser Eigenschaften, zuviel Selbstgefallen, zuviel Narzissmus, zuviel hofieren kann negativ zurückkommen und eine Landung nach einem einsam machenden Höhenflug kann hart sein. Falscher Stolz und Eitelkeit lassen ein vorher durchaus positives Bild schnell umkehren....

THEMA Neid, Eitelkeit, Egoismus

Achten Sie im **BERUF** auf Neider. Jemand gönnt Ihnen nicht Ihre Arbeit oder Ihr Ansehen. Konzentrieren Sie sich auf Ihre Arbeit und messen sich nicht an anderen.

In der **LIEBE** wird hier manchmal falsch gespielt. Kalkül und Taktik sind hier auf Vormarsch. Der Partner/ die Partnerin denkt hier mehr an sich – oder denken Sie verstärkt an sich selbst? Selbstkritik ist gefragt.

Diese **PERSON** ist arrogant, egoistisch, berechnend, opportunistisch.

Am heutigen **TAG** den Mund nicht zu voll nehmen. Präsentieren Sie sich nicht im falschen Licht. Schauen Sie nicht, was andere haben, Sie haben selbst sehr viele Werte. Ganz bestimmt!

30. HOFFNUNG

speranza Hoffnung nada
remény hope

Speranza sitzt auf einen Felsen und ebenso stark wie dieser in der Brandung! Den Blick hoffnungsvoll auf das Meer gerichtet, im Visier das fahrende Schiff auf unruhiger See. Sie stützt sich auf den Anker, hält daran fest, ebenso wie an der Hoffnung und dem Glaube daran, dass der Seefahrer, der sich da draußen befindet, gesund

und sicher zurückkehren wird. Die raue See steht für Zeiten in unserem Leben, in denen wir uns wünschen, es würde bald Besserung einkehren. Die Hoffnung wie man sagt stirbt zuletzt. Und somit ist es immer ein beruhigendes Zeichen, diese Karte in einer Legung vorzufinden. Schlechte Karten werden „entschärft".

THEMA Hoffnung, Besserung, Zukunft

Für den **BERUF** kündigt die Hoffnung eine Verbesserung der Lage an. Änderungen, die hier kommen werden, sind positiven Ausgangs.

Ebenso für die **LIEBE** gilt oben genanntes Wort! Sie sehen anderen positiven Zeiten entgegen. Alleine? Die Hoffnung auf einen Partner sind groß und könnten sich bald erfüllen!

Diese **PERSON** ist optimistisch und soll dies auch weiterhin bleiben.

Die Hoffnung als **TAGESKARTE** sagt uns, dass wir an uns glauben sollen, denn in uns stecken sehr viele Fähigkeiten – wir müssen ihnen nur die Möglichkeiten geben, sich zu entfalten. Man sagt ja oft, dass noch kein Meister vom Himmel gefallen ist.

31. JUNGER HERR

signorino		mladić
ifju úr	Junger Herr	young man

Lässig steht der Junge Herr auf dem Tennisplatz. Er strahlt etwas sehr selbstsicheres, siegessicheres aus. Sportlich, agil, voller Elan. Ihn kann nichts schnell erschüttern, er fühlt, glaubt, Dinge meistern zu können. Dieses risikofreudige und angstlose Verhalten mag vielleicht ein bisschen auf jugendlichen Leichtsinn zurückzuführen zu sein, kann aber durchaus von Vorteil sein, ganz nach dem Motto, wer nicht wagt – der nicht gewinnt!

Diese Karte stellt in der Regel fast immer eine Person dar, zumindest im Großen Bild, oder eine wichtige Charaktereigenschaft.

THEMA Personenkarte für Sohn, Liebhaber/Flirt, Bruder

Ein jüngerer Kollege im **BERUF** oder jemand, der sich jugendlich gibt.

In der **LIEBE** dreht es sich hier um einen Flirt, jungen Partner, Schwiegersohn.

Eigenschaften dieser **PERSON** sind sportlich, redegewandt, aktiv, tollkühn, selten leichtsinnig.

Die **TAGESKARTE** sagt uns, auch mal ein Risiko einzugehen oder auch einmal Fünfe gerade sein zu lassen. Entspannt sein, da macht man es sich manchmal einfacher!

32. JUNGFRAU

vergine djevojka Jungfrau maid szüzleány

Eine junge Frau sitz am Ufer eines Baches und genießt den Duft der Blumen in ihrer Hand. An wenn mag sie wohl gerade denken? An den Liebsten, an Harmonie und Liebe und Einklang. Die Jungfrau ist eine unberührte Person. Sie ist unschuldig, ohne Last, unbefangen. Voller Erwartung und kennt weder leid noch Schmerz. Sie ist das weibliche Pendant zum jungen Herr und auch bei ihr gilt, dass sie meist eine Person darstellt, zumindest auch hier im Großen Bild, oder auch eine wichtige Eigenschaft zeigt.

THEMA Tochter, junge Dame (meist alleinstehend), Schwester

Im **BERUF** auch hier eine Kollegin jünger oder jugendlichen Verhaltens

In der **LIEBE** wird hier auch oft die Unbeschwertheit gezeigt. Ein Flirt, eine jüngere Partnerin.

Diese **PERSON** ist jugendlich, unbeschwert, vielleicht auch etwas naiv und realitätsfremd. Oder gibt sich, wenn Sie älter ist, auch übertrieben jugendlich.

Die Jungfrau als **TAGESKARTE** zeigt uns, wie wichtig es ist, an manche Dinge mit Unbeschwertheit heranzugehen, aber ermahnt uns zugleich auch die Augen vor der Realität zu verschließen. Finden Sie heute das gesunde Mittelmaß!

33. KIND

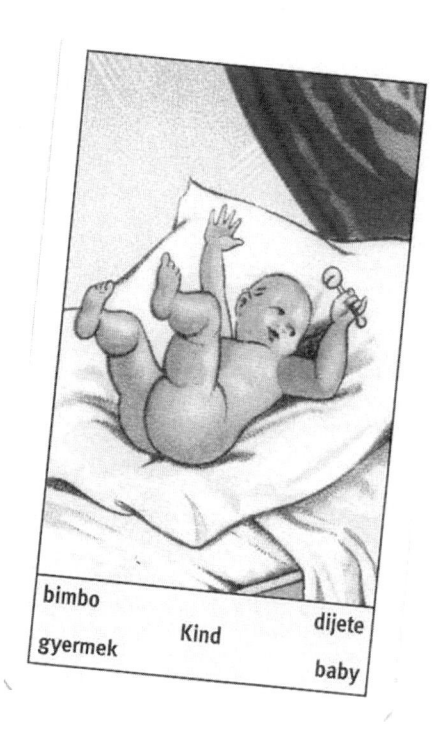

bimbo
gyermek Kind dijete
baby

Ein Neugeborenes liegt sanft gebettet auf und einem Kissen. Es lächelt und erfreut sich an seiner Rassel. Es steht am Anfang seines noch neuen Lebens und sieht einer hoffentlich friedvollen Zukunft entgegen. Diese Karte stellt natürlich das Kind da, wie auf dem Bild, unseren

Sohn oder unsere Tochter. Aber ebenso kann diese Karte auch für neue Dinge, die in unser Leben treten, stehen. Oder Neuanfänge und neue Pläne aller Art, die uns bevorstehen.

THEMA Kind, Neuanfang

Im **BERUF** zeigt uns das Kind eine neue Arbeitsstelle oder zumindest eine Chance darauf. Wenn wir zuviel arbeiten, sollten wir auch mal an unsere Kinder denken.

Die **LIEBE** ist auch hier von einem Neuanfang gekennzeichnet. Sei es mit einem alten oder neuen Partner.... Auch eine noch frische Beziehung kann hier gemeint sein.

Als Eigenschaft einer **PERSON** zeigt das Kind Ehrlichkeit, Kreativität, das Kind in einem selbst.

Als **TAGESKARTE** sollen wir heute unbedingt neue Pläne umsetzten. Der Zeitpunkt für ein neues Projekt ist gut. Oder starten heute Sie endlich, was Sie mehrfach verschoben haben.

34. KRANKHEIT

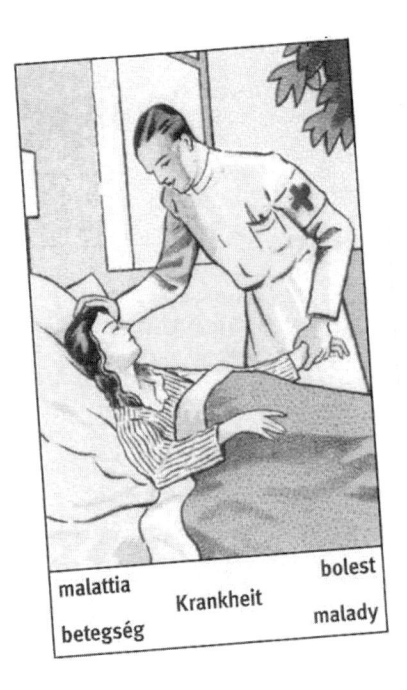

malattia
bolest
Krankheit
betegség
malady

Kein schönes Bild, das uns hier zu Grunde liegt. Eine Frau liegt erkrankt im Bett und wird verarztet. Der Raum wirkt steril, damit der Mensch genesen kann. Das Fenster ist geöffnet, um frische gesunde Luft in den Raum zu lassen. Das kräftige Grün des Baumes ist ein Zeichen für

Stärke und Vitalität und dass es wieder besser werden wird. Bitte KEINE Deutung für Krankheit!

THEMA Probleme, Hindernisse, Belastungen

Der **BERUF** tut uns derzeit nicht gut oder allgemein gesehen alles was damit in Beziehung zu setzen ist. Problematische Situationen am Arbeitsplatz oder die Sorge einen solchen zu finden, stressen uns dermaßen, dass uns schlecht geht.

Die **LIEBE** fördert uns derzeit nicht. Probleme über alles. Das macht uns regelrecht krank. Nichts läuft in geraden Bahnen. Aber auch diese Belastungen werden vergehen.

Diese **PERSON** ist träge, deprimiert, melancholisch, problematisch.

Der heutige **TAG** gibt Ihnen Anlass, Ursachenforschung zu betreiben. Gibt es Dinge, die mich „krank" machen? Wenn ja welche und wie kann ich diese beheben. Heute könnten Sie Ansätze zur Lösung finden. Setzen Sie sich mit Ihren Problemen auseinander.

35. LIEBE

Ein Liebespaar sitzt zusammen im Hintergrund, sie in seinem Arm. Diese beiden Menschen scheinen dabei zu sein, zarte Liebesbande zu knüpfen. Groß im Bild sehen wir Amor auf der Mauer sitzen. Überlegt er, ob er den Pfeil endgültig abschießen soll....
Die Voraussetzungen für einen guten Ausgang sind hier gegeben. Nehmen Sie Ihr Glück an.

81

THEMA Liebe

Wir gehen ins unserem **BERUF** auf und lieben unsere Arbeit. Eigentlich nicht? Dann los und Ihren Traumberuf suchen, verwirklichen Sie sich selbst!

Die große **LIEBE** kann Ihnen begegnen oder Sie leben diese gerade. Nicht den Verstand verlieren, wenn Sie vom Pfeil zukünftig getroffen werden! Alles läuft hervorragend! Auch auf Ihre Freunde können Sie zählen.

Liebevoll, charismatisch, herzlich – so ist diese **PERSON**. Oder auch einfach nur verliebt!

Der heutige **TAG** ist wie gemacht, um sich zu verlieben oder ihn mit den liebsten Menschen zu verbringen. Einfach liebevoll zu den Mitmenschen sein.

36. MISSVERSTÄNDNIS

malinteso
nesporazumak
Missverständnis
félreértés
misunderstanding

Ein sich streitendes Paar wird hier dargestellt – zumindest scheinen sie sich gestritten zu haben, denn nun haben sie einander nichts zu sagen. Die Rücken sind einander zu gewandt. Ein jeder scheint hier seine Meinung zu haben und sich nicht öffnen wollen zum nächsten Schritt, der wäre auf den anderen zuzugehen. Oftmals gehen solchen Funkstillen verbale Auseinandersetzungen voran, oder ein schriftlicher Kontakt, der falsch verstanden wurde. In der Sprache liegen oftmals die Wurzeln der Missverständnisse und es bedarf immer einem Nachhaken oder sich vergewissern, ob dem allem wirklich so ist. Geben Sie die Chance einander zu erklären. Die Karte kann auch ein Hinweis sein, dass zwei Menschen nicht auf einer Wellenlänge liegen.

THEMA Missverständnis, Unstimmigkeiten

Im **BERUF** sagt uns die Karte, dass wir unbedingt Diskussionen vermeiden sollten. Es ist wichtig, nur seine Arbeit zu verrichten. In Gesprächen bitte zurückhalten!

Die **LIEBE** durchlebt Zeiten, die durchwachsen sind. Momentan passt nichts. Sie kommen nicht an und fühlen sich falsch verstanden.

Mit dieser **PERSON** kann man nicht immer gut sprechen. Etwas stur, hört manchmal nicht richtig zu, kann sich nicht immer in andere hinein versetzen.

Am heutigen **TAGE** Diskussionen vermeiden. Sie sind vielleicht mit dem falschen Fuß aufgestanden. Oder überdenken Sie manchmal Ihr Auftreten und die Ausdrucksweise. Kommt alles so an wie es soll?....

37. NEBENBUHLER

Eine unschöne Personenkarte, der Nebenbuhler. Brauchen wir den unbedingt? Der Nebenbuhler zeigt einen gesellschaftlichen Anlass. Mittelpunkt ist hier die junge Dame, die reichlich Aufmerksamkeit dem ihr gegenüberstehenden Herren schenkt. Seine Gesellschaft scheint ihr angenehm. Für den Herrn dahinter ist er allerdings kein angenehmer Zeitgenosse.

Entschieden scheint hier noch nichts. Wir wissen aber, dass wir nicht alleine sind!

THEMA Gegenspieler, Konkurrenz

Wir müssen feststellen, dass wir im **BERUF** nicht allein sind. Wir haben Kollegen, die ihre Arbeit ebenso gut machen oder auch bei einer Bewerbung mehr Mitstreiter!

Auch in der **LIEBE** sind wir nicht allein. Die Konkurrenz ist groß, machen Sie Ihre Bindungen nicht anfällig für solche Einflüsse von außen.

Diese **PERSON** ist auch mit Vorsicht zu genießen. Behalten Sie ihn im Auge, um reagieren zu können. Eine große Gefahr wird er nicht sein. Ehrgeizig ist dieser Mensch dennoch.

Als **TAGESKARTE** sagt der Nebenbuhler, dass wir uns nicht auf unseren Lorbeeren ausruhen. Wir könnten ungewollt überholt werden.

38. OFFIZIER

ufficiale · Offizier · časnik · officer · tiszt

Ein Offizier steht vor einem Fenster, aus dem eine Dame herausschaut. Sie scheint von seiner Begrüßung und auch von ihm leicht angetan. Ihr gefällt sein Werben. Die Karte des Offiziers steht in Bezug auf das Bild um eine Verbindung zwischen Mann und Frau, die generell noch nichts festes hergibt. Oftmals kann der Offizier als heimlicher Geliebter gesehen werden. Unabhängig davon ist der uniformierte Mann ein Zeichen, dass wir uns mit Ämtern und Behörden auseinander setzen werden oder vielleicht sogar müssen.

THEMA Amt, Behörde, Liebhaber

Im **BERUF** ist er ein Zeichen für Amt, Behörde oder sämtliche Berufe, die in Uniformausgetragen werden. Kann hier auch für Machtposition stehen. Jedoch nicht so stark wie beim Großen Herr.

Die **LIEBE** ist hier wohl eher eine leidenschaftliches hitzige Flamme! Oftmals sind hier Affären gekennzeichnet. Aber auch, dass wir jemand kennen lernen, der uns beeindruckt und nachhaltig beeinflusst. Ein Kandidat für feste Bindung scheint dieser jedoch nicht zu sein.

Diese **PERSON** hat Einfluss, ist attraktiv, charismatisch.

Der heutige **TAG** ist gut für Behördengänge. Ist da jemand, der heimlich Ihr Herz berührt?!

39. REISE

viaggio Reise putovanje
utazás   journey

Dieses Bild zeigt uns genau den Fortschritt einer Zeit und konfrontiert uns in gewisser Weise mit dem Modernen aus jener Epoche. Anstelle einer oftmals gewählten Postkutsche oder einem Schiff sehen wir hier einen rasenden Zug, der uns schnell und komfortabel an Ziel unserer Reise bringt. Hier ist kein Kurztrip gemeint, nein, es handelt sich um größere Strecken, die zurückgelegt werden.

THEMA Reise/ Urlaub, Distanz

Ein **BERUF** in Verbindung mit dieser Karte deutet auf eine Tätigkeit hin, in der man viel unterwegs ist. Manchmal ist hier auch nötig, weiteren Weg zu gehen, um Arbeit zu finden.

In **LIEBE**, Partnerschaft und Bindungen herrscht hier Distanz, räumliche oder emotionale. Es ist manchmal auch lediglich ein Hinweis auf eine Wochenend- oder Fernbeziehung.

Diese **PERSON** lässt gerne Dinge auf sich zu kommen, lebt in den Tag hinein.

Eine **TAGESKARTE** dieser Art fordert uns auch mal dazu auf, eine Reise ins eigene Ich zu unternehmen, sich zu finden oder auch dazu, sich einfach mal auszuruhen und einige Stunden der Erholung zu widmen.

40. RICHTER

giudice   sudac
    Richter
biró   judge

Ein Richter befindet sich in seinem Gerichtssaal und verliest sein wohl überlegt gefälltes Urteil! Vor ihm, ein Wachmann bereit, ein eventuell schlechtes Urteil unmittelbar auszuführen. In einigen Kartendecks ist in Verbindung mit der

Gerechtigkeit bzw. dem Richter „Justitia" mit verbundenen Augen und der Waage abgebildet. In diesem Fall zwar nicht, dennoch stellt die Karte genau diese Form der Gerechtigkeit dar. Es wird uns das widerfahren, was wir verdienen. Ganz nach dem Motto, dass man die Früchte erntet, deren Saat man einst ausgesät hat.

THEMA Gerechtigkeit, richtende Person

Die Karte kennzeichnet den **BERUF**szweig des Rechtswesens. Uns widerfährt bei der Arbeit im Umgang mit Kollegen und Vorgesetzten jenes, was wir vorleben.

Auch in der **LIEBE** und anderen persönlichen Bindungen werden wir so behandelt, wie wir den anderen behandeln. Überlegen Sie.... In Trennungsszenarien kann hier eine Scheidung kommen.

Diese **PERSON** ist gerecht und vor allem neutral!

Finden wir den Richter als **TAGESKARTE** vor sollten wir unser Handeln überdenken, wenn wir uns ungerecht behandelt fühlen. Wir sollten neutral sein, ein Buch nicht nach seinem Umschlag beurteilen. Andere so behandeln, wie wir es selbst von ihnen erwarten.

41. SEHNSUCHT

bramosia težnja
vágy Sehnsucht
ardent desire

Die Karte der Sehnsucht zeigt uns hier eine elegante schöne Frau, die auf dem Bett liegt, die Augen geschlossen hält – sie scheint an etwas Schönes zu denken, sie scheint regelrecht etwas herbeizusehnen.

Auf dem Nachtisch stehen Rosen und eine Art Bilderrahmen liegt anbei. Das Bild vom Liebsten, der nicht präsent ist?....
Diese Karte steht für Sehnsüchte aller Art, die in uns sind. Ob diese sich erfüllen bleibt hier offen – dies sagt die Karte alleine nicht aus.

THEMA Träume, Wünsche, Sehnsucht

Im **BERUF**sleben sagt uns die Karte, dass wir uns nach Veränderung sehen im Beruf oder bei der Arbeitsstelle.

In der **LIEBE** sehnen wir uns nach anderen Zeiten in der Partnerschaft, oder nach einer Bestimmten Sache, die unserem Gegenüber fehlt oder von diesem nicht mitgebracht wird. Singles sehnen sich nach einem Partner und/ oder einer Beziehung.

Als Eigenschaft einer **PERSON** zeigt uns die Karte verträumt – Achtung: nicht verlieren....

Eine **ZEIT** ist hier mit Abwarten verbunden.

Als **TAGESKARTE** sagt die Sehnsucht uns, man darf auch mal träumen und sich nach anderen Dingen sehnen, nur nicht die Blicke für die Realität verlieren. Das wir aber dennoch an unseren Träumen und Wünschen festhalten sollen, nur so können wir unsere Ziele verwirklichen.

42. TOD

Ein Friedhof, Schauplatz des Geschehens. Der Tod schwebt in der Dunkelheit über das Grab. In der einen Hand die bekannte Sense, die andere Hand winkt einen zu sich. Er verbreitet Angst und Schrecken und in vielen TV Sendungen wird diese Karte mit viel Leid in Verbindung gebracht. Unsinn! Diese Karte stellt NICHT den Tod dar. Der Tod als Karte zeigt uns, dass etwas zu Ende geht, das unbedingt zu Ende gehen muss, um die Türe für etwas Neues aufzumachen. Die Karte zeigt uns eine Veränderung und bringt uns auch immer etwas mit. Lassen Sie sich nicht verängstigen und erschrecken.

THEMA Ende, Loslassen.

Im **BERUF** gibt es eine Veränderung: Ende der Arbeit, Ruhestand, Kündigung. Abstand nehmen von einem Berufswunsch.

Lösen Sie sich in der **LIEBE** von falschen Partnern und Gefühlen. Sie haben Kummer und leiden in einer Beziehung oder wegen dem Ende einer Beziehung.
Es geht um Trennung, Kummer.

Eine verbitterte, düstere **PERSON**.

Der Tod als **TAGESKARTE** sagt uns, dass wir auch mal aufräumen müssen! Trennen Sie sich von Situationen und Dingen, die Ihnen nicht gut tun! Wenn Sie eine Trennung durchmachen, bedenken Sie, dass wir in unserem Leben uns von Dingen und Personen trennen, ob gewollt oder ungewollt, die nicht zu uns passen bzw. nicht für uns geschaffen sind. Diese machen dann den Weg frei für Besseres.

43. TRAURIGKEIT

tristezza   tuga
Traurigkeit
szomorúság   sadness

Die Karte zeigt eine Frau, die niedergeschlagen in einem Sessel sitzt und sich aufstützen muss. Sie kann und will diese Situation nicht mehr aushalten! Das große Fenster nach draußen, gibt einen Ausblick auf anderes. Es trennt die Frau aber auch von der Außenwelt ab. Ihr Inneres sieht anders aus als der Anschein außerhalb ihrer

Wohnung. Vielleicht kann sie nicht mehr verstecken, wie sie fühlt oder sie ist am Ende ihrer Kräfte, da sie den Schein der heilen Welt nicht mehr aufrecht erhalten kann. Die Karte sagt uns, dass wenn wir trauern, dies tun sollen, solange bis die Trauerarbeit, die wir leisten müssen beendet ist. Irgendwann wenn wir zurückschauen auf unser Leben, sehen wir, dass die Dinge, die für uns schlimm waren letztendlich Gutes hatten.

THEMA Trauer, Schmerz, Traurigkeit

Im **BERUF** sind wir unglücklich. Alles was mit der beruflichen Situation zu tun hat, macht uns traurig. Gehen Sie in die Offensive. Sie können ausbrechen, Sie müssen nur starten damit!

Wir erleiden **LIEBE**skummer oder wir trauern um etwas, was wir nicht haben. Wir müssen uns mit dem Schmerz auseinandersetzen, ihn verarbeiten, um offen für andere zu sein.

Die Eigenschaft oder der Gemütszustand dieser **PERSON** ist sensibel, traurig, enttäuscht, verletzt.

Die **TAGESKARTE** teilt uns mit trotz allen Ernst des Lebens, die Welt auch mit einem lachendem Auge zu sehen.

44. TREUE

fedeltà   Treue   vjernost   fidelity   hüség

Dieses Bild bedarf in der Regel keiner Worte. Allein Seine Wirkung auf mich lässt mich die Bedeutung der Karte spüren. Diese Zeichnung ist so aussagekräftig, dennoch wird und muss nicht jeder so empfinden, und ich möchte erklären. Es wird ein schwer verletzter Mann gezeigt, an dessen Seite sein letzter treuer

Begleiter wacht und Beistand leistet, bis Rettung naht und alles vorbei ist. Es ist die Karte wahrer bedingungsloser Freundschaft, endloser Treue Loyalität und Aufrichtigkeit. Sie zeigt einen Zusammenhalt trotz bewölktem Himmel und aussichtsloser Situation. Der Hund ist seinem Herr treu ergeben. Haben Sie einen Menschen an der Seite, der diese Karte als Begleitung hat, begegnen Sie ihm voller Respekt und Zuneigung...

THEMA Treue, Loyalität, Freunde

Sie haben den **BERUF** gefunden, der Dauerhaft ist, der Ihnen gefällt, in dem Sie gerne arbeiten.

Eine **LIEBE** mit dieser Karte kann bedingungslos, dauerhaft, ehrlich sein, ein Partner ein Freund zugleich, sehr loyal.... aber schauen Sie, nicht dass eine gewünschte Beziehung nur noch auf freundschaftlicher Basis gebaut ist...

Diese **ZEIT** wird von Dauer sein.

Eine **PERSON**/ Freund/in, ist sehr loyal, treu, ehrlich

Als **TAGESKARTE** zeigt die Treue, sich doch mal wieder bei Freunden zu melden.

45. UNBESTÄNDIGKEIT

volubilità nestalnost
Unbeständigkeit
állhatatlanság inconstance

Das Bild zeigt uns ein Ehepaar oder einfach auch nur ein Paar, dass anscheinend sich nicht einig ist. Sie hat eine Haltung angenommen, die wohl im ersten Moment ein näheres herankommen nicht zulässt, er ganz anders, versucht auf die Frau einzureden, eventuell sie zu etwas zu überreden oder sie von etwas zu überzeugen. Das

Bild spiegelt regelrecht eine Unbeständigkeit wider und macht uns somit schon deutlich, was die Karte bedeutet. Sie zeigt uns, dass etwas auf keiner festen Basis gebaut ist, wackelt und nicht dauerhaft ist. Derzeit zumindest. Dieses Bild ist kein Hinweis darauf, dass dieser Zustand von Dauer ist. Es ist lediglich ein ständiges Hin und Her, ein Schwanken zwischen für uns gut und schlecht!

THEMA Unbeständigkeit, Wechsel, Veränderung, Umzug

Der **BERUF** gibt uns nicht die Sicherheit, die wir brauchen. Vielleicht haben wir nur einen Zeitvertrag oder wir sind unschlüssig, was wir beruflich machen sollen.

Unsere Bindungen sind unstet und wir wissen nicht woran wir sind oder was wir wollen. Ein **LIEBE**schaos ist derzeit nicht ausgeschlossen. Gibt uns unser Gegenüber genügend Sicherheit? Oder können wir das nicht?

Diese **PERSON** weiß nicht, ob sie sich binden soll oder nicht, sehr wankelmütig, unentschlossen, wurzellos.

Der heutige **TAG** ist wunderbar geeignet, um Veränderungen durchzuführen! Suchen Sie Abwechslung, dann jetzt! Verändern Sie Dinge, die Sie schon immer ändern wollten.

46. UNGLÜCK

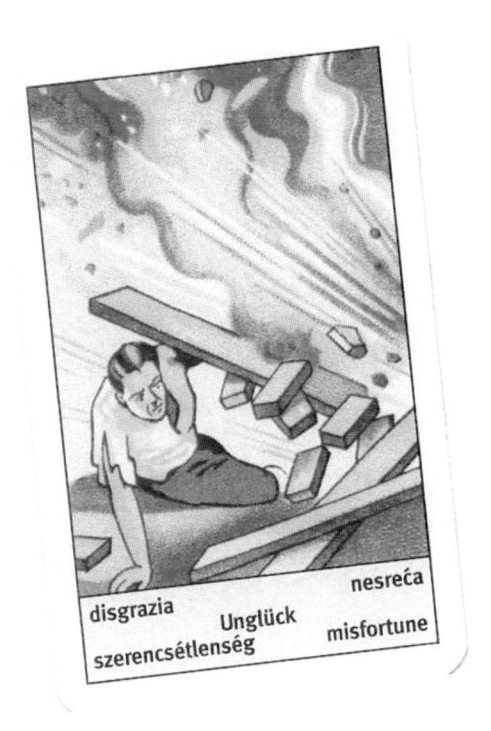

Ein schreckliches Szenario bietet sich uns hier! Explosion! Flammen! Schutt und Asche! Und wir mittendrin. Der Mann auf dem Bild versucht sich vor dem Unglück zu schützen, und Schaden abzuwehren. Hat er es zu spät kommen sehen? Diese Karte ist immer als Warnung zu verstehen! Sie rät uns, genau zu überlegen, ob wir den gewählten Weg wirklich weitergehen sollen, da ein Scheitern vorprogrammiert scheint! Überdenken Sie Ihre Handlungen. Diese Karte steht für das Nein, das Scheitern.

Beobachten Sie immer, in welchem Zusammenhang diese Karte auftritt, denn Sie ist immer eine Warnung! Sehen Sie diese als rote Ampel!

THEMA Ruin, Schwierigkeiten, Unglück! Halt, nicht weiter!

Versagen steht an der Tagesordnung. Ihr **BERUF** ist in Gefahr. Belastungen, Mobbing, Kündigung. Absage.

In der **LIEBE** warnt diese Karte vor einer bestimmten Person oder einem bestimmtem Kontakt! Vorsicht ist angesagt. Trennung! Schlechter Umgang.

Die **PERSON** mit dieser Karte ist zu meiden!

Als **TAGESKARTE** teilt uns das Unglück eine Art Unfallgefahr mit. Wir sollen aufpassen. Heute keine großen Pläne in die Tat umsetzten!

47. UNVERHOFFTE FREUDE

gioia inattesa   nenadna sreća
Unverhoffte Freude
véletlen öröm   unexpected joy

Was ist schöner als eine unverhoffte Freude! Das denkt sich wohl auch der Mann auf dem Bild, dem gerade diese gemacht wird! Die Karte steht für Überraschungen, die uns den Alltag versüßen und ein Lächeln auf unser Gesicht zaubern werden. Auf der Karte ist es in Form von Geld. Das muss aber nicht zwingend sein. Es sind oftmals die anderen kleinen Dinge, die uns erfreuen, die wir allerdings oftmals übersehen. Diese Karte ist grundlegend positiv.

THEMA Überraschung

BERUFlich kann es unverhofft zu einer Gehaltserhöhung kommen, oder wir werden befördert oder es wird anerkannt, was wir leisten. Unverhofft könnte ein Jobangebot auf Sie zukommen.

In der Partnerschaft werden Sie vielleicht eingeladen, oder von jemanden positiv überrascht! Ist die **LIEBE** bereit für einen Heiratsantrag?!

Eine **PERSON** ist sehr optimistisch, freundlich und strahlt dieses extrem aus.

Plötzlich und unerwartet ist die **ZEIT**.

Unternehmen Sie am heutigen **TAG** mal etwas Ungewöhnliches! Machen Sie sich selbst oder anderen eine unerwartete Freude!

48. VERDRUSS

Der Verdruss! Ein adrett gekleidetes Dienstmädchen eilt über die Türschwelle und lässt dabei mehrere Teller fallen. Erschrocken ist sie darüber, weil nun Ärger ins Haus steht. Diskussionen, Streit und Krach folgen. Solch eine Situation missfällt einem schnell. Aber beachten Sie, Scherben, wie hier auf dem Bild aus Porzellan bringen Glück, und oftmals ist ein klärendes Gespräch wichtig und danach versteht man sich besser als je zuvor. Nach einem stürmischen Gewitter folgt auch wieder Sonnenschein.

THEMA Streit, Ärger

Vermeiden Sie im **BERUF** Streit und Diskussionen am Arbeitsplatz. Kassieren Sie lieber heute die Kritik anstatt groß in Diskussion zu gehen.

In der **LIEBE** und zwischenmenschlichen Kontakten ziehen Gewitterwolken auf. Es gibt Streit, Stress und Unruhe. Nicht aus der Bahn werfen lassen, das gehört manchmal dazu.

Diese **PERSON** ist streitlustig, wortgewandt, kann gut argumentieren.

Gehen Sie heute Diskussionen aus dem Weg, denn es ist bei weitem nicht der richtige **TAG** dafür. Gönnen Sie sich lieber Ruhe und denken sich in manchen Situationen Ihren Teil.

49. VERLUST

perdita
veszteség
Verlust
gubitak
loss

Die Karten werden offen auf den Tisch gelegt, das Spiel ist vorbei und es wurde verloren! Wenn wir spielen und etwas einsetzen, muss uns bewusst sein, dass wir verlieren können. Hat der Spieler den Verlust kommen sehen? Hat er zu hoch gepokert? Die Karte sagt uns, dass wir im Begriff sind, etwas zu verlieren. Etwas geht abhanden und wir müssen zu sehen, wie es uns durch die Finger rinnt. Wir waren vielleicht zu unvorsichtig oder haben uns beim Spiel mit dem Feuer verbrannt! Aber Ruhe bewahren, manchmal passiert es, dass einem Dinge aus den Händen gleiten.

THEMA Verlust

Im **BERUF** ist höchste Aufmerksamkeit angesagt – der Job kann wackeln. Nichts ist uns derzeit sicher – selbst wenn wir dies glauben. Nicht nachlässig werden!

Die Partnerschaft kann brüchig sein, sie droht an einer instabilen Phase zu zerbrechen. Gehen in der **LIEBE** Gefühle verloren?

Eine **PERSON** kann sich entfernen von uns. Jemand kann vor uns den Respekt verlieren. Es mangelt diesem Menschen an bestimmten Werten und Eigenschaften, die Sie für wichtig halten.

Achten Sie am heutigen **TAG** darauf, dass Sie nicht unüberlegt und voreilig handeln und somit etwas verlieren, was Ihnen wichtig ist. Gehen Sie wachsam und sorgfältig mit Ihrem Besitz umgehen.

50. VERRAT

tradimento   izdajstvo
         Verrat
árulás   treason

Das Bild zeigt uns einen Mann, der wohl gerade im Begriff war, wegzugehen. Die Szene erinnert mich daran, der Mann im Trenchcoat scheint ein Geschäft abgewickelt zu haben, und versucht schleunigst zu verschwinden. Der Titel der Karte unterstreicht den Gedanke, das an der Sache etwas nicht stimmt. Der Mann hinter ihm, hält

111

ihn auf und hat bereits den Gesetzeshüter informiert. Der Mann wurde verraten oder hat wohl eher einen Verrat begangen und man ist ihm auf die Schliche gekommen. Jedenfalls befand sich der Verräter unmittelbar in unserem Umfeld.

THEMA Betrug, Verrat

Im **BERUF** müssen wir uns vor Tratsch und Gerüchten hüten. Am Besten, wir halten uns ganz daraus.

In der **LIEBE** scheint hier auch einiges nicht zu stimmen. Sind generell unsere Bindungen ehrlich und vertrauensvoll?!

Wird der Verrat mit einer **PERSON** gesehen, hüten Sie sich und Ihre Zunge. Schnell wird Ihr Vertrauen missbraucht.

Als **TAGESKARTE** ist diese ebenso wie sonst auch auf jeden Fall als Warnung zu sehen: Achten Sie darauf, wem Sie sich anvertrauen und vor allem was.

51. WITWE

vedova udova
Witwe
özvegy widow

Die Witwe bildet zusammen mit dem Witwer das Ende des schönen Kartendecks. Die Umgebung auf der Karte zeigt den Friedhof, der auf mehreren Bildern zu sehen ist. Oftmals geht bei jeder dieser Karten ein Hauch Ewigkeit mit einer; der Friedhof, die letzte Ruhestätte, die

auf immer ist und sich nicht mehr ändern wird?!
Die Witwe sitzt hier auf einer Bank neben dem
Grab Ihres verstorbenen Gatten. Dieses schmückt
Sie liebevoll mit Blumen. Sie sitzt, zum Stehen
fehlt Ihr derzeit die Kraft. Sie wird diesen
Lebensabschnitt jedoch überstehen – ihr
trauerndes Gesicht ist trotz allem von Stärke
durchzogen. Es wird weitergehen...

THEMA Trauer, Alleinsein, Schicksal, Stärke

In der **LIEBE** und im partnerschaftlichem
Bereich steht die Karte für eine Phase des
Alleinseins, die es gilt zu überstehen. Vielleicht
wurden wir ungewollt vom Schicksal aus einer
schönen Situation gerissen. Nun müssen wir
stark sein, aber Sie werden es schaffen. Das
Schicksal ist auf Ihrer Seite.

Als **PERSON** wird hier jemand Älteres,
Alleinstehendes dargestellt. Kann auch eine
Tante sein. In Verbindung mit dem Witwer
Eltern, manchmal Großeltern.

Die **TAGESKARTE** sagt uns, wenn möglich,
einen Besuch beim älteren Teil der Familie zu
machen – oder zumindest Ihnen heute die
Gedanken widmen. Geht auch in form von
Blumen – wie auf der Karte....

52. WITWER

Die letzte Karte des Decks zeigt uns den Witwer, das männliche Pendant zur Witwe. Auch hier ist wieder der Friedhof Schauplatz der Szene. Der Mann steht in Gedanken, in einem Moment der Stille am Grab seiner verstorbenen Gattin. Den Hut voller Erfurcht gezogen, stützt er auf einem

Stock. Er muss sich stützen, die Last auf seinen Schultern ist zu schwer derzeit. Doch er wird die Stärke aufbringen, diese zu tragen....

THEMA Trauer, Alleinsein, Schicksal

In der **LIEBE** und im partnerschaftlichem Bereich steht die Karte für eine Phase des Alleinseins, die es gilt zu überstehen. Vielleicht wurden wir ungewollt vom Schicksal aus einer schönen Situation gerissen. Nun müssen wir stark sein, aber Sie werden es schaffen. Das Schicksal ist auf Ihrer Seite.

Als **PERSON** wird hier jemand Älteres, Alleinstehendes dargestellt. Kann auch ein Onkel sein. In Verbindung mit der Witwe Eltern, manchmal Großeltern.

Die **TAGESKARTE** sagt uns, wenn möglich einen Besuch beim älteren Teil der Familie zu machen – oder zumindest Ihnen heute die Gedanken widmen.

Nachdem Sie dies gelesen haben, sind Sie zumindest mit einem Teil meiner persönlichen Deutungsmöglichkeiten vertraut gemacht worden. Erfassen Sie aber dennoch auch intuitiv die Karten, wie diese auf Sie wirken! Sie werden sehen, Ihr Wissen wird sich durch persönliche Deutungsmöglichkeiten erweitern, vielleicht ersetzen Sie auch andere. Das soll einfach heißen, nehmen Sie diese nicht als verbindlich – lassen Sie Ihre Persönlichkeit und Ihre Erfahrung mit einfließen oder sich lediglich inspirieren....
Sie sind gedacht, um Ihnen einen Weg zu den Karten zu ebnen. Generell gibt es noch andere Möglichkeiten, wie eine Karte zu lesen ist. So wird zum Beispiel die Bedeutung einer Karte in Kombination zu einer anderen durch diese beeinflusst. Wichtig werden die Kombinationen bei einer großen Legung, dem Großen Kartenblatt. Ich werde dazu später noch Hinweise geben. Die Legungen, die ich folgend vorstelle, können Sie unproblematisch und einfach mit immer einer Kartenbedeutung praktizieren. Sie werden keine Kombinationsmöglichkeiten benötigen. Möchten Sie für eine Kartenposition eine zusätzliche Deutung zuziehen, wenn die erste nicht aussagekräftig erscheint – könnten Sie die zwei Karten natürlich in Kombination deuten und sollten dies auch tun. Da dies ein Einstieg sein und Sie an die Karten heranführen soll ist hier kein Teil mit Kombinationen aufgeführt. Am Anfang sind die Grundbedeutungen schon viele Informationen mit diesen sollten Sie vertraut sein und sie aus dem Schlaf können. Dann wird das

Kombinieren für Sie gar kein Problem sein. Trauen Sie sich, dies zuerst auch mal intuitiv in Beziehung zu einander zu setzen.... Sie werden auf Ihre Art erfolgreich sein...

Jetzt möchten Sie sicherlich eine Legung starten, falls dies nicht schon längst geschehen ist. Kommen wir also zum Mischen der Karten und dem Auslegen.

Das Mischen der Karten

Suchen beziehungsweise nehmen Sie sich einen Moment der Stille, der Ruhe und des Ungestörtseins. Legen Sie die Karten nicht in Eile! Ein fester Platz eignet sich immer gut. Auch wäre schön, wenn die Karte dort auch immer liegen, falls nicht ist es auch von Vorteil, diese immer bei sich zu haben. Das, finde ich, verstärkt Ihre Bindung. Beginnen Sie nun mit dem Mischen. In der Hand oder auf dem Tisch wie ein Memory. Schnell oder langsam. Mischen Sie auf Ihre persönliche Art und Weise. Ich bin auch der Meinung, dass Sie nicht unbedingt an eine Person oder die zu befragende Thematik denken müssen. Relevant ist meines Erachtens, dass Sie ruhig sind, ruhig atmen, sich auf sich selbst konzentrieren, den Moment der Stille genießen. Versuchen Sie, die Karten zu fühlen, wie sie in Ihren Händen liegen oder diese berühren. Auch ist nicht von Bedeutung ob Sie lange oder kurz mischen. Wenn Sie der Meinung sind, das Mischen zu beenden, sollten Sie dies tun. Die Karten werden richtig liegen. Nach dem

Mischen hebe ich manchmal ab, oder nehme die obersten Karten für eine kleine Legung. Wichtig ist, dass Sie beim Mischen Ihren persönlichen Stil finden, Ihre eigenen Regeln, unterwerfen Sie sich keinen Zwängen, nur so kann es authentisch sein.

Das Auslegen der Karten

DIE ART DÉCO WAHRSAGEKARTEN ALS TAGESKARTEN....

Ich habe ein für mich sehr schönes System entwickelt, um am Morgen eine Art zu finden, mit den Karten in den Tag zu starten....

Üblicherweise zieht man oftmals lediglich eine Karte zur Tagesprognose. In meinem System dürfen Sie jedoch drei Karten ziehen. Die erste für den Verlauf des Morgens, die zweite für den Mittag. Die dritte Karte steht für den Abend. (Beispiel folgend)

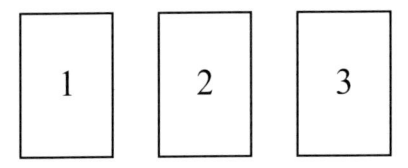

1	2	3

Alternativ können Sie auch experimentieren und die drei Karten als Gesamtaussage für den Tag nehmen. Möglichkeiten haben Sie viele, Sie werden schnell mit den Karten vertraut werden...

Diese Methode ist wirklich sehr wichtig, um auch spielerisch die Karten kennen zu lernen. Einfacher und schneller können Sie die Karten und deren Bedeutung nicht erlernen. Gut, Sie können auch schnell auswendig lernen, dennoch in direkter Arbeit, knüpfen Sie ein Verbindung zu den Karten, die sehr persönlich sein kann. Denn im Vergleich zu Ihrer Tageskarte können Sie schnell ganz individuelle Deutungsergebnisse erzielen.

Hier ein überschaubares Beispiel:

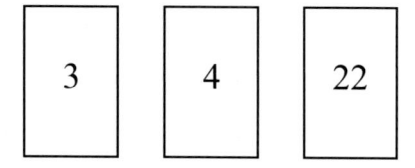

| 3 | 4 | 22 |

Beständigkeit – Besuch – Gesellschaft

Als Karte 1 wurde die Beständigkeit gezogen, die ein Hinweis darauf ist, dass die Fragestellerin/ der Fragesteller mit Arbeit in den Morgenstunden beschäftigt ist. Der Besuch als Karte 2 zeigt, dass es bis mittags noch stressig, bzw. unruhig und sehr belebt sein kann. Die Karte 3 Gesellschaft sagt aus, dass es nicht verkehrt wäre, den stressigen Tag in einer netten Runde mit Freunden, zum Beispiel, ausklingen zu lassen, um letztendlich abzuschalten.

In einer zusammenhängenden Deutung kann diese Legung ein Hinweis sein, dass am heutigen Tag, eine wichtige berufliche Zusammenkunft im Vordergrund steht oder dieser verstärkt Aufmerksamkeit zu schenken ist, z. B. ein Besprechung, und deshalb alles etwas unruhiger vor sich geht.

DIE VIER- PERSPEKTIVEN- LEGUNG

Hier ziehen Sie vier Karten oder heben den Kartenstoß ab bis Sie vier Stapel vor sich haben, bei denen Sie jeweils die obersten Karten aufdecken werden. Sie haben vier Karten vor sich, diese gilt es nun in gezogener Reihenfolge von links nach rechts, positionsbezogen zu deuten:

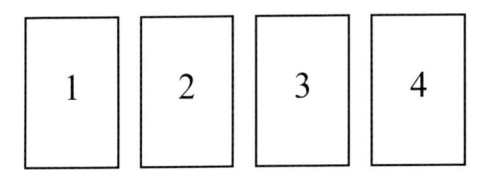

| 1 | 2 | 3 | 4 |

Die erste Karte steht in dieser Legung für die Thematik, die Situation aus neutraler Sicht. Vielleicht mögen wir auch mal überrascht sein

über eine Karte, die hier auftaucht, aber nicht wundern – die Karten sagen uns manchmal vieles aus einer Perspektive, die wir auf Grund unserer Subjektivität heraus einfach nicht so wahrnehmen können.
Alternativ haben wir vorab hier auch die Option, einen Signifikator, ausgewählt in Hinblick auf die Themenbedeutung, zu wählen und auf diese erste Position auszulegen.

Karte Nummer Zwei zeigt uns, was wir in diesem Zusammenhang weniger Beachtung schenken können und dürfen. Davon könnten wir getrost Abstand nehmen, denn Nummer Zwei sagt uns, was eigentlich nicht ist und nicht sein wird. Eine Fehleinschätzung der Situation oder einen Aspekt, den es zu übergehen gilt. Sollte hier zum Beispiel eine Befürchtung liegen, die wir hegen, ist es uns erlaubt zu sagen, sich nicht weiter diesen Gedanken und Ängsten zu unterwerfen.

Die dritte Karte im Gegensatz gilt es zu beachten! Aus dieser Sicht können oder sollten wir die ganze Sache betrachten. Setzen Sie hierauf den Focus! Schenken Sie dieser Karte und Ihrer Interpretation sehr viel Aufmerksamkeit!

Die vierte und zugleich **letzte Karte** wird uns eine kleine Tendenz bzw. einen Trendverlauf anzeigen. Eine sozusagen zukunfts- und richtungsweisende Perspektive. Es wird uns durch das Bild gesagt, welchen Sinn die jetzige Situation hat, was für uns und unsere persönliche Entwicklung dabei wichtig ist und was letztendlich aus dem Ganzen werden kann.

Ziehen Sie daraus ein Fazit. Sollte eine Karte für Sie nicht aussagekräftig genug sein, können Sie jede Position mit einer weiteren Karte ergänzen, aber Achtung: die Bedeutung der ersten Karte geht allerdings dadurch nicht verloren!
Sollte der Trendverlauf sich nicht ganz herauskristallisieren, können Sie mit dieser Legung den Verlauf genauer durchleuchten. Sie positionieren die letzte Karte auf Position Eins als Signifikator und ergänzen ihn mit drei weiteren Karten. Danach gehen Sie nach vorher erklärtem Deutungsschema vor!

Man könnte sagen diese Legung ähnle dem alt bekannten kleinen Kreuz, sehr famos. Die Art und Weise, grundlegend ist sie damit vergleichbar. Ich persönlich lege die Karten nicht in der Anordnung des kleinen Kreuzes (Eine Legung im „Keltischen Kreuz" ziehe ich oftmals eher in Betracht). Ich bevorzuge, sie in einer Reihe zu legen, auch mit dem Hintergrund, dass Sie eine geradlinige Ordnung vorfinden. Wie Worte in einem Satz, den Sie von links nach rechts lesen.

Auch hier für Sie ein kleines Beispiel:

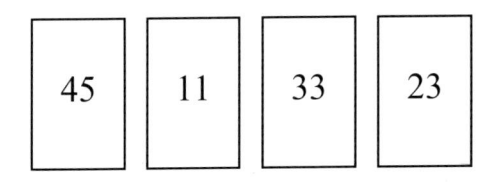

| 45 | 11 | 33 | 23 |

Unbeständigkeit – Falschheit – Kind - Gewinn

Der Fragestellerin geht es hier um ein Treffen, das ihr bevorsteht und sie deswegen sehr nervös ist. Sie möchte von den Karten mehr über den Verlauf wissen.
Die Unbeständigkeit als 1. Karte spiegelt hier das ungute Gefühl, das Ungewisse, das die Fragestellerin bei dieser Sache empfindet, wider. Doch schon auf der Position der 2. Karten, die mit der Falschheit belegt ist, wird der Frau das ungute Gefühl genommen. Sie muss sich keinesfalls Sorgen machen, der Kontakt ist nicht schlecht für sie. Die Karte Kind auf dritter Position gibt Anlass zur Überlegung, dass dieser Kontakt ein neuer Impuls im Leben ist, auf den sich die Fragende ruhig einlassen kann oder sollte. Weshalb? Die 4. Karte, Gewinn, sieht die neue Person als deutliche Bereicherung für die Fragestellerin.

Normalerweise könnte ich Ihnen die eben erwähnte Version des Kreuzes vorstellen, jedoch arbeite ich wie gesagt nicht damit. Und ich möchte nichts schreiben, dass ich nicht bevorzuge. Es wird allerdings auch viele Möglichkeiten für Sie geben, wenn Sie an diesem Legesystem interessiert sind, eine Informationsquelle zu finden.

Kurz hatte ich geschrieben, dass ich situationsbedingt auf das altbekannte „Keltische Kreuz" zurückgreife. Aber auch dieses möchte ich hier nicht vorstellen. Im Internet und anderer Literatur gibt es unzählige Hinweise auf jene Legung und sie ist sehr bekannt, so dürfte es auch hier kein Problem sein, an Informationen zu kommen. Es ist definitiv ein hervorragender Klassiker, den es auf Dauer zu können lohnt. Gleiches gilt für eine 9er Legung. Aber für den Anfang die kleineren Legungen gut geeignet, um sich hineinzuarbeiten. Ich finde es wichtig, in kleinen, aber genauen Schritten voranzugehen. Auch wenn es etwas langsamer ist, besser als schnell und ungenau. Damit Sie allerdings Beziehungsfragen ziemlich gut durchleuchten können, stelle ich Ihnen meine Beziehungspyramide vor.

DIE BEZIEHUNGSPYRAMIDE

Diese Legung ist wunderbar geeignet, um in eine Beziehung zu blicken. Eine Beziehung jeder Art, sei es Freundschaft, Partnerschaft oder familiär Basis.

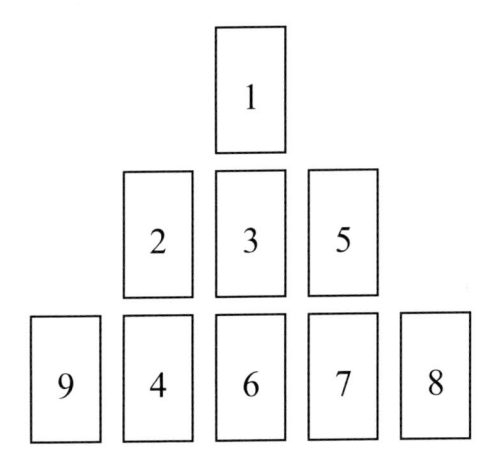

```
            [ 1 ]

      [ 2 ] [ 3 ] [ 5 ]

  [ 9 ] [ 4 ] [ 6 ] [ 7 ] [ 8 ]
```

Die erste Karte zeigt uns den aktuellen Stand der Beziehung. Den Status Quo!

Die Karten 2, 3 und 4 zeigen die Ratsuchende/ den Ratsuchenden. (2 ist die Hauptkarte für diese Person; 3,4 geben zusätzliche Informationen).

Die Karten 5, 6 und 7 zeigen das Gegenüber (5 ist die Hauptkarte für diese Person; 6, 7 ergänzen).

Die 8. Karte zeigt uns eine Tendenz und die 9. und letzte Karte ist ein Rat des Orakels, wie wir uns verhalten könnten.

Auch hier ein kleines Exempel:

Eine Frau ist gerade mit einem Mann zusammengekommen, der sich vor kurzem selbst erst getrennt hat. Sie glaubt, die Ex-Partnerin spiele noch eine Rolle im Leben des Mannes...

Folgend zieht sie diese Karten:

```
        ┌────┐
        │ 36 │
        └────┘
```

Missverständnis

```
┌────┐  ┌────┐  ┌────┐
│ 19 │  │  9 │  │ 35 │
└────┘  └────┘  └────┘
```

Geliebte – Eifersucht – Liebe

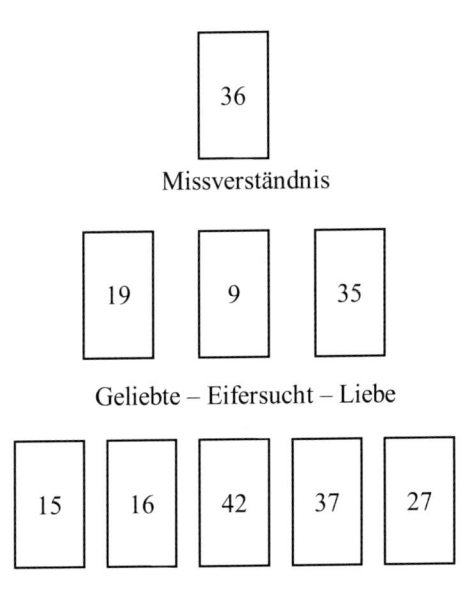

```
┌────┐ ┌────┐ ┌────┐ ┌────┐ ┌────┐
│ 15 │ │ 16 │ │ 42 │ │ 37 │ │ 27 │
└────┘ └────┘ └────┘ └────┘ └────┘
```

Gedanke – Gefängnis – Tod – Nebenbuhler - Haus

Der Beziehungsstatus scheint hier eindeutig: Missverständnisse prägen den Alltag. Die Stimmung kann angespannt sein!

Auf den Positionen der Fragenden Person liegt die Fragestellerin selbst in Verbindung mit der Eifersucht und dem Gefängnis. Ihr unsicheres Gefühl, wirklich auch hier die Eifersucht lässt sie wie in einem Gefängnis sein. Sie ist derzeit nicht in der Lage, auszubrechen, das liegt in diesem Fall allerdings mehr an ihr (ihre Karte 19 auf ihrer Position zeigt, dass sie auch sehr viel mit beiträgt zu der Situation).

Denn die Grundposition des Partners liegt mit der Liebe da. Er ist in sie verliebt. Dies zeigt

Karte 35. Die Kombination 42 und 37 zeigt den Tod mit dem Nebenbuhler. Das heißt ganz einfach, dass diese Bindung beendet ist und von hier aus keinerlei Gefahr zu erwarten ist. Selbst wenn die Ex-Partnerin wollen würde.

Grundlegend zeigt diese Beziehung eine Chance und eine positive Tendenz für ein stabiles, harmonisches Miteinander mit der Karte Haus. Allerdings muss die Fragestellerin hier ihr Verhalten hinterfragen (Gedanke) und wohl auch ändern, um die Tendenz zu fördern.

INFORMATIONEN ZUM GROSSEN BLATT

Das Große Blatt ist die wohl interessanteste Methode, die Karten zu lesen. Und nur zu gerne möchte man auch dieses so schnell als möglich legen. Wichtig für diese Legung ist vor allem, dass man jede Karte und deren Grundbedeutung aus dem Schlaf beherrschen sollte. Zudem sollten die Kombinationen der Karten untereinander bis zu einem gewissen Maße bekannt sein. Kennen Sie die Basis, dürfte das Kombinieren in der Regel kein Problem darstellen. Es gibt nahezu viele Kombinationen, und auch sind diese ganz individuell. Jeder Kartenleger spricht seine Sprache und interpretiert und übersetzt somit das Kartenblatt. Natürlich mag es Schlagwörter geben, die unangefochten für eine Bedeutung stehen, dennoch bringen wir unseren Erfahrungsschatz und unsere Intuition bei unserer Arbeit mit den Karten mit hinein. Eben das macht unsere persönliche Art der Deutung mit aus.

Das Große Blatt bedarf eines soliden Grundwissens und es bedarf vieler Worte. Bis man mit dem Grundwissen vertraut ist, und kleine Systeme sicher deuten kann ist es ein manchmal kürzer oder längerer Weg, das liegt an Ihnen. Ich möchte Sie sicher an die Grundbedeutungen für die 52 Karten heranführen, somit halten Sie ein Buchband Grundwissen in der Hand. Leser/innen, die andere Karten schon kennen, wissen wohl ein Großes Blatt zu deuten. Dennoch werde ich in diesem Buch, das Große Blatt kurz anschneiden, damit Sie hineinschnuppern und probieren können. Eigentlich füllt ein genauer Bericht darüber einen zweiten Buchband. Und da ich zumindest dies nicht ganz vorenthalten möchte, gebe ich einen kurzen, oberflächlichen Überblick für „Ungeduldige".....

Zu Beginn werden Sie entscheiden, ob Sie 36 oder 52 Karten für die Auslage verwenden möchten. Diese mischen Sie. Sie können, wenn Sie möchten, bevor Sie mit der Auslage beginnen die Karten vorher zwei Mal abheben. Sie finden nun vor sich drei Stapel. Werfen Sie jeweils einen Blick auf die untersten Karten der drei Stöße. Diese drei Bilder geben einen zusätzlichen Hinweis zur Situation. Führen Sie danach wieder die Stapel zusammen, mischen nochmals durch und legen die Karten offen aus.

Variante 1 mit 36 Karten:

| 1 | 2 | 3 | 4 | 5 | 6 | 7 | 8 |

| 9 | 10 | 11 | 12 | 13 | 14 | 15 | 16 |

| 17 | 18 | 19 | 20 | 21 | 22 | 23 | 24 |

| 25 | 26 | 27 | 28 | 29 | 30 | 31 | 32 |

| 33 | 34 | 35 | 36 |

Variante 2 mit 52 Karten:

Ausgelegt wie im Schema. Die erstmals relevanten Karten sind mit einem Stern gekennzeichnet.

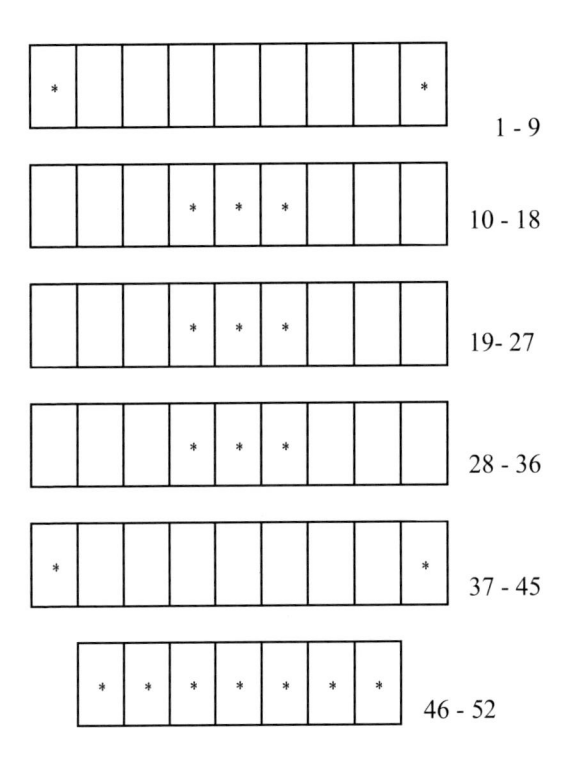

*								*

1 - 9

			*	*	*			

10 - 18

			*	*	*			

19 - 27

			*	*	*			

28 - 36

*								*

37 - 45

*	*	*	*	*	*	*

46 - 52

Grundlegend gehen Sie bei beiden Varianten gleich vor. Vor dem Mischen wählen Sie sich ein Zeitfenster (anfangs bzw. zu Übungszwecken könnten Sie beispielsweise monatlich beginnen). Und los geht's!

Variante 1: Die Karte auf Platz 1 gibt Ihnen ein Schlagwort und einen Hinweis, der die allgemeine Situation beeinflusst. Die anderen drei Eckkarten (8, 25, 32) geben zusätzliche Hinweise! Kombinieren Sie diese.

Betrachten Sie nun die Stelle, an der die Karte der Fragestellerin/ des Fragestellers. Alles was auf direkter Linie in Blickrichtung liegt betrifft die Zukunft! Alles auf direkter Linie im Rücken der Person die Vergangenheit. Die Karten direkt über bzw. unter der Karte der Hauptperson sind der Gegenwart zuzuordnen. Darüber die Gedanken, darunter gegenwärtige Situation und eventuell unbewusste Gefühle.

Schaut eine Person aus dem Bild heraus, kann es sein, dass sie die Situation so hinnimmt und manchmal dazu neigt, die Augen vor der Realität zu verschließen. Hat sie keine Vergangenheitskarten im Rücken, ist die Person sehr zukunftsorientiert. Am oberem Rand, ohne Gedankenkarten, kann es sich um einen sehr emotionalen Mensch handeln. Einen Hinweis auf die eigentlichen Gedanken bekommen wir dann bei der Karte „Gedanke". Am unterem Rand, ohne Gefühlskarten, sehen wir oftmals jemanden, der sich sehr stark kontrolliert und nicht immer seinen Emotionen freien Lauf lassen mag.

Möchten Sie ein Thema genauer betrachten, suchen Sie die entsprechende Themenkarte und deuten Sie die direkten Linien, die von dieser ausgehen. Doch hier deuten Sie immer von links nach rechts! Anders als bei der Personenkarte ist hier links immer die Vergangenheit und rechts immer die Zukunft.

Natürlich möchten Sie ja noch weitere Tendenzen aus dem Kartenbild ablesen!

Die Karten auf Platz 12, 13, 20 und 21 geben Ihnen einen Ausblick auf das, was sein wird.

Zusätzlich sagen Ihnen die Karten auf Platz 33, 34, 35 und 36 was in naher Zukunft auf Sie zukommen kann. Legen Sie für einen Monat ist hier die unmittelbare Zukunftstendenz gemeint. Bei einem längerem Zeitraum, können hier schon bis zu 4 bis 8 Wochen verstreichen.

Die **Variante 2** ist nahezu ähnlich: die 1. Karte stellt natürlich das gleiche dar. Ziehen Sie hier auch die anderen Eckkarten hinzu. Das wären hier die auf Platz 9, 37 und 45.

Die allgemeine Tendenz des Bildes liegt hier in den Karten 13, 14, 15, 22, 23, 24, 31, 32 und 33. Die kurzfristige Tendenz in den Karten der letzten Reihe 46 bis 52.

Die zweite Variante, die mehr Karten hat, gibt natürlich durch die zusätzlichen neuen Karten einen etwas anderen, vielleicht genaueren, spezifischeren Blick zu. Aber die Variante 1 ist ebenso aussagekräftig. Es liegt ganz daran, was Sie aus dem Bild herausholen.

Diese Randinformation über das große Blatt dürfte zum Hineinschnuppern bestimmt ausreichen. :)

NACHWORT

Nun sind wir am Ende meines kleinen Grundkursus angelangt und ich freue mich, Ihnen diese Aufschlagkarten ein wenig nähergebracht zu haben. Machen Sie sich nach und nach mit diesen vertraut und lernen Sie die Sprache der Karten und machen Sie diese zu der Ihrigen. Halten Sie sich immer vor Augen, dass die Karten in der Lage sind, Ihnen einen Blick zu ermöglichen, der uns manchmal verborgen bleibt, sie sind ehrlich und bewahren sich ihrer Neutralität. Lassen Sie sich nicht entmutigen, wenn eine Aussage Ihnen als schlecht erscheint oder Sie sich etwas anderes erwartet haben. Sehen Sie solch einen Fall als Hinweis, noch etwas an einer Sache zu arbeitet, um den gewünschten Effekt zu erzielen. Das Kartenbild wird Ihnen immer einen Hinweis mitgeben, auch wenn er noch so versteckt sein mag, versuchen Sie immer einen Lösungsweg in den Karten zu finden. Es gibt ihn. Arbeiten Sie mit den Tendenzen, die das Bild Ihnen aufzeigt. Es wird auch Momente geben, in denen Sie vielleicht nichts sehen. Das wird nicht tragisch sein, wenn Sie großes Interesse an der Kartomantie haben, werden Sie auch fähig sein, diese auszuüben. Ich wünsche Ihnen ganz viel Spaß und schöne Stunden mit den Karten und ganz viel Erfolg und viele Ergebnisse. Und hoffe, wir lesen uns bald wieder.

Liebe Grüße,

Andreas Dahm

RAUM FÜR EIGENE NOTIZEN

Herstellung und Verlag:
Books on Demand GmbH, Norderstedt
ISBN 978-3-8423-4715-1